ちくま新書

高校生にもわかる「お金」の話

内藤 忍
Nairo Shinobu

928

高校生にもわかる「お金」の話【目次】

イラスト＝飯箸薫

はじめに

お金で失敗する人が跡を絶ちません。

怪しい投資話やネズミ講のような仕組み……後から考えてみれば明らかにおかしな話だとわかるような金融詐欺に騙されたり、知らない間に大きなリスクを取ってしまい損失を出してしまう。同じことが何度も繰り返されてきたのに一向になくならないのはなぜでしょうか？

その理由は、金融の基本を知らないことにある。私はそう思っています。

日本の学校ではお金のことは何も教えてくれません。社会に出る前に知っておかなければいけない当たり前のことさえ知るチャンスがないのです。結局、金融に関する基本的な知識も得られないまま社会生活を始めてしまう。これでは、無知につけこまれて騙される人がいても不思議はありません。

まったく金融の知識のない人がうまい話に乗せられて被害に遭ってしまう。そんな状況がこれ以上続かないようにするためには、社会人になる前にお金の基本を知る機会を提供することが必要です。

お金の基本といっても、そんなに難しいことではありません。中学生や高校生でも充分に理解できる内容です。本書で伝えたいそんなお金の基本とは次のようなことです。

① お金を稼ぐ方法は、自分で稼ぐ方法とお金に稼いでもらう方法の二つがある
② お金に限らず世の中にはうまい話はない
③ お金は人生を豊かにする手段であり、お金を目的にしてはいけない

お金を稼ぐというと、多くの日本人は仕事で汗水たらして働くことを想像すると思います。確かに、自分で真面目に働いてお金を得ることも大切です。本書でも第1章では、自分で稼ぐ方法について書いています。しかし、お金を稼ぐ方法はそれだけではありません。自分ではなくお金に働いてもらうという方法もあるのです。

日本銀行のデータによれば、日本には個人金融資産が一五〇〇兆円あるとされています。そして、その五五%は現金・預金となっています。つまり金融資産が有効活用されず、家

の中や銀行に眠っている状態と言えるのです。

　この眠っている資産を上手に活用する。つまり投資によってお金に働いてもらうようにできれば、自分とお金の二つが稼ぐ仕組みを作ることができます。どちらも絶対確実な方法ではありませんが、お金の知識を身につけ正しい方法でやれば、失敗する可能性を低くすることができます。

　日本人は投資でお金を稼ぐというと、「あぶく銭《ぜに》」、「不労所得」という悪いイメージを持つかもしれません。しかし、自分の持っているお金に働いてもらうということは、社会に対する貢献にもつながるのです。詳しくは本文を読んでいただきたいのですが、投資イコール悪いこと、株式投資イコールギャンブルといった誤った考え方から日本人の意識を変えていかなければならないと私は思います。

　二つめに伝えたいことは、世の中にはうまい話はない、ということです。簡単に言えば、絶対に儲かる方法というのは世の中に存在しないということです。お金の世界の基本であるリスクとリターンの関係を考えれば、不確実なもの（リスク）の中にしかリターンは生まれないことがわかります。「必ず儲かる」とか「絶対に二倍になる」というような話は、金融の基本を知っていれば、そもそもおかしいと判断できるのです。しかし、将来の不安や欲を持った人は知識がないために、もしかしたらそんなうまい話がどこかにあるのかもしれない、と思ってしまうのです。

このリスクとリターンの関係は、仕事の世界でも同じです。高い収入が期待できる仕事はそれだけリスクを取らなければ実現できないものなのです。安全で確実なことしかしなければ、それに見合った結果しか得られない。これはすべてに通じる世の中の鉄則とも言えるのです。

そしてお金の話でもう一つ間違えてはいけないのは、お金自体を目的にしてはいけないということです。マネー誌などでは一〇〇〇万円を貯める、といった特集が組まれることが多いのですが、そもそも一〇〇〇万円がなぜ必要なのか、何のためにお金を貯めるのかを先に考えなければいけません。お金とは目的ではなく手段であるということです。何のためにお金が必要なのか、そしてそれはいくらなのかを考えて、その必要なお金を手に入れるという考え方が大切なのですが、お金に興味を持っている人にはそういう考えを持っている人は少ないようです。

今回、四回にわたってお金についての講義をする機会を得ることができました。それをまとめたのが本書です。高校生に話した講義ですが、内容は社会人の方にもぜひ読んでもらいたいと思っています。なぜなら、このようなお金の基本的な知識を持っていることがこれから益々重要になると思うからです。

日本人はお金との付き合い方が上手ではありません。でも、お金ばかりを追いかけるのではなく、お金とは人生を豊かにしてくれる道具の一つだと思えば、お金との付き合い方を変えることができます。つまり自分に必要なお金をどうやって手に入れられるかを戦略的に考えることです。漠然と将来を不安に思ったり、若いうちから老後のことばかり考えて無理な我慢ばかりをして、今の生活を充実させられないのは不幸なことです。節約ばかりしていて、結局そのまま人生が終わってしまい、何のためにお金を貯めていたのか良くわからない。そんなお金に振り回される人生から日本人もそろそろ卒業すべきだと思います。

お金をタブーにしないで、正面から向き合って考えてみる。それだけで自分の未来は大きく変わります。

真面目に一生懸命働いても、お金の知識がないばかりに努力が無駄になってしまう。そんな風にならないために、本書でお金の基本を身につけてください。

第１章

AKB48とビジネスパーソン、儲かるのはどっち？

――お金を稼ぐ

†ＡＫＢ48で収入が多いのは誰？

みなさんこんにちは。これからお金についての授業をはじめていきたいと思います。といっても、ずっと聴いているだけの授業ではなくて、みなさんには授業中にワークをしてもらおうと思っていますので、積極的に参加してください。

まず最初に少しだけ自己紹介しておきます。私は今、四七歳。おそらくみなさんのご両親と同じくらいの世代です。社会人になってから二五年くらいずっと、お金の世界で仕事をしてきました。最初は銀行員でしたが、その後転職して投資の会社にいたり、証券会社で金融商品の開発をしたり、あるいは投資について教える仕事をしたり。今は、富裕層と言われるお金持ちの人達の資産運用のお手伝いをしています。

実は高校生に授業をするのは今回が初めてです。お金のことをあまり知らない人や興味を持っていない人にもわかりやすく、楽しい内容にしたいと思っていますのでよろしくお願いします。

では早速授業を進めていきましょう。

いきなりですが、みなさんはお金が欲しいですか？

もし今、「お金を欲しいだけあげます」と言われたら、いくら欲しいですか？

一〇〇〇万円くらい？　一億円？　それとももっと欲しい？　三億円欲しいとか五億円欲しいとか？

そこで、まずお金をたくさん稼いでいる芸能人の話からはじめましょう。

みなさんは好きなタレントはいますか？「誰でも会えますよ」と言われたら、誰に会いたいですか？

人気アイドルのＡＫＢ48は、日本人なら誰でも知っているくらい有名ですよね。

知り合いの高校の先生に、「高校で授業をするんだったら、ＡＫＢ48くらい話せないと駄目だよ」と言われて、私も少し勉強してきました。

それから、男性グループではＥＸＩＬＥ（エグザイル）も高校生に人気がありますね。

今回は、ＡＫＢ48やＥＸＩＬＥを仕事として考えた場合、というテーマで話を進めたいと思います。

まず、ＡＫＢ48です。メンバーの中で、一番年収が多い人は誰だか知っていますか？

前田敦子さんですか？　では二番は誰だと思います？

――実は、正確な収入はわからないんです。非公開なのでわかりません。

次ページの図表1は彼女たちの年収ランキングの推定です。どれくらいテレビに出ているとか、CMをどれくらいやっているかといったデータから推定したものです。

その結果によると、一番が前田敦子さんと篠田麻里子さん。三番、大島優子さん。四番が小嶋陽菜さんと板野友美さん。ちなみに前田さんと大島さんは太田プロダクション、篠田さんはサムデイ、小嶋さんは、プロダクション尾木。そして板野さんはホリプロの所属です。知っていましたか？

AKB48は歌手やタレントとして色々なことをやって、お金をもらっています。あんなに若いのに、毎日長時間仕事をするのはすごく大変です。ほとんど寝る時間がなくて、移動中も取材が入ったりしているので、みんな睡眠不足や働きすぎによる過労で倒れてしまうこともあるそうです。なんでそんなに働くのか？　それは、仕事で早く一人前になりたいという強いモチベーションがあるからだと思いますが、華やかな世界のようにみえて、実はすごく大変な仕事です。

一位	前田敦子	二〇〇〇万円	太田プロダクション
一位	篠田麻里子	二〇〇〇万円	サムデイ
三位	大島優子	一八〇〇万円	太田プロダクション
四位	小嶋陽菜	一六〇〇万円	プロダクション尾木
四位	板野友美	一六〇〇万円	ホリプロ

図表1：AKB48推定年収ランキング（敬称略・ゆかしメディア作成）

†EXILEのリーダーHIROさんはいくら稼いでいる？

今度は、EXILEを見てみましょう。

EXILEのメンバーは誰が何をしているか、知っていますか？　EXILEは一四人のグループですよね。そしてHIROさんという人が社長をしていますね。では、そのHIROさんの年収はいくらか知っていますか？

これも本人が言っているのではなく、推定金額ですが、HIROさんの年収は五億円と言われています。一年間で五億円です。普通のビジネスパーソンが会社で一生仕事をしたとしてもなかなか稼げないような金額を一年で稼いでいるわけです。その次に収入が多いのが、初期メンバーの三人です。一四年目の初期メンバー三人が、約一億一〇〇〇万円と言われています。一一年目のATUSHIは九〇〇〇万円。六年目のAKIRAさんとTAKAHIROさんは四〇〇〇万円。残りの七人は各一〇〇〇万円。金額はすべて推定です。

実は、EXILEも最初から売れていたわけではありません。HIROさんは昔、ディスコの店員、クリーニング屋さん、そば屋の出前持ちや土木作業員なんかもやったことがあるそうです。「横浜そごう」という大きなデパートがありますが、あれはHIROさんも土木作業員として作っていたそうです。そういうところから地道に音楽活動を始めて、売れていったのです。

†リスクを取らなければリターンは得られない

EXILEもAKB48も、同じように芸能活動をしています。

ところが収入には随分違いがありますね。では、どうしてEXILEはAKB48より収入が多いのでしょう？　同じ芸能人なのに、どうしてそんなに差があるのか。HIROさんは、なぜ五億円もお金が稼げるのか不思議ではありませんか？

実はEXILEが所属しているプロダクションの社長はHIROさんです。そして、そのプロダクションがダンススクールをやっていたり、グッズの販売をしたり、CDを作ったり、コンサートをやったり、テレビに出たり、色々なビジネスをやっています。もちろん、EXILEに人気があるからこそ、このような営業活動を続けることができるのです。

言ってみれば、AKB48のメンバーはプロダクションの社員のような存在です。会社の経営をしているわけではありません。一方のEXILEはアーティストでもあり経営者でもあります。

経営をしているということは、それだけリスクが高くなります。リスクとは将来の不確実性のことです。会社の経営は成功すれば大きな収入になりますが、失敗すれば借金だけが残ることにもなりかねない、不安定なものです。アーティストとして人気があっても、経営がうまくいかなければ、会社がつぶれてしまうかもしれないのです。

EXILEがAKB48より収入が多いのは、そんな経営者としてのリスクを取っているからと私は考えています。EXILEもAKB48と同じようにどこかのプロダクションに所属して、音楽活動だけをしていたら、そんなに収入は大きくなかったはずです。**リスク（不確実性）**を取らなければ、**リターン（収入）**は得られない。お金についてみなさんに知っておいて欲しい一つめの重要なポイントです。

†EXILEとAKB48は一〇年後どうなっているか？

では、将来のことを考えてみましょう。EXILEやAKB48は、たとえば一〇年後にどうなっていると思いますか？

モーニング娘。を知っていますよね。AKB48の前に人気があったアイドルグループです。私の学生時代は、キャンディーズやピンクレディーが人気でしたけれども、そのあとにおニャン子クラブ、そのあとはモーニング娘。、そして今はAKB48と続いています。

時代が変わるとどんどん新しいグループが出てきて、いつも激しい人気競争をしています。

男性グループでは、一番初めに出てきたのがグループサウンズ。私が小学生の頃、人気だったのはフィンガー5というグループですが、知っていますか？ そのあとシブがき隊

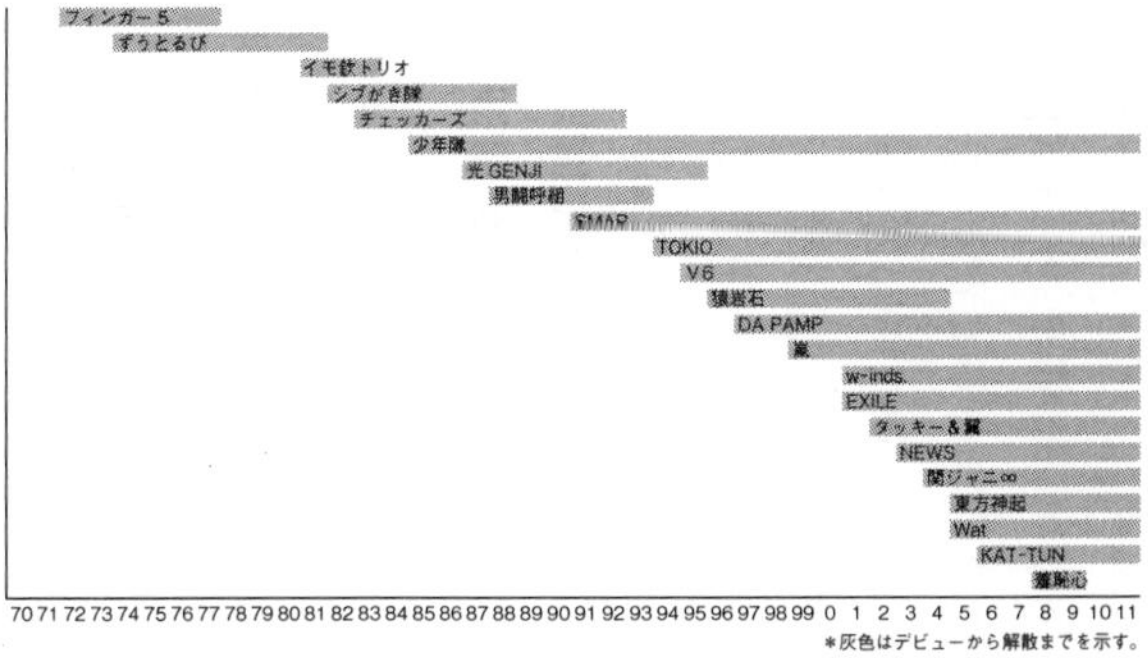

図表2　男性グループの変遷

や少年隊や光GENJIといったジャニーズ系のグループが次々と登場しました。さらにSMAPが出てきて、今は嵐とかEXILEが人気なんです。次々と変わっていくのがわかりますね（図表2）。

たとえば、光GENJIは一九九〇年代に人気だったと思いますが、誰かメンバーの名前を知っている人はいますか？　メンバーに諸星くんという人がいましたよね。今でもテレビで活躍していますが、他のメンバーの中には今では全然聞いたことのない人や、もう芸能界を引退しちゃった人もいます。

芸能界は売れると、急激に収入が増えます。一気に年収が数十倍になったりします。でも、人気がなくなってしまうと、急に消えちゃったりもします。だから、すごく移り変わりが激しい仕事なんです。その人気によって収入も大きく変動することになります。

†生き残るお笑い芸人、消えるお笑い芸人

もう少し最近の話で、数年前は人気があったけれども、今はあまり出てこない人って誰かいるでしょうか。ではみなさんに聞いてみましょう。

青山テルマさん？　はい、携帯電話のCMソングで人気がありましたね。大塚愛さん？確かに、数年前の人気よりは最近少し露出が減っていて見る機会が減りましたね。でもテレビに出ていなくても、ライブ活動をやっていることもありますから、本当のところはわかりません。

他にはお笑いの一発芸人もいますね。お笑いの世界も浮き沈みが激しいようです。「フォー」とか、「ゲッツ」とか、「なんでだろ～」とか、一発ギャグで人気だったお笑いの人はたくさんいました。「オッパッピー」で人気がでた小島よしおさんもいましたよね。でも、子どもたちまで真似をしているくらい人気があった人達でも、時間が経つと消えていってしまう人がほとんどなんです。

でも、同じお笑いの世界で、ずっと残っている人もいます。たとえば、明石家さんまさ

んは昔はお笑いをやっていましたが、バラエティ番組の司会もやるようになってずっと第一線にいます。もう三〇年くらいずっと人気を保っています。ビートたけしさんも、今や映画監督として世界に知られていますが、漫才をやっていた三〇年以上前から、ずっと人気者です。

演歌の世界も残っている人がたくさんいます。五木ひろしさんはもう、五〇年近く前からずっと歌い続けています。北島三郎さんなんて、芸能活動を五〇年以上やっています。では、なぜ北島三郎さんはずっと残っているのに、アイドルやお笑い芸人はいなくなってしまうのでしょうか？　何が違うのでしょう？

私の母は氷川きよしさんがとても好きなんですが、氷川さんは特に中年女性にすごく人気があるらしいですね。年配の女性は、自分の息子や孫のようにかわいいと言って追いかけています。アイドル系の歌手に比べ、演歌歌手の方がいったんヒット曲が出ると、それからずっと安定した人気が続くことが多いようです。逆にいわゆる流行の歌謡曲を歌う歌手は、人気の移り変わりがとても激しい。バンドなどでも、ちょっと人気が出るとすぐにいなくなってしまいますよね。何が違うのでしょう。人気の要因が時代と共に変化してしまう。そのスピードが演歌に比べるとずっと早いんでしょうね。

†演歌歌手になるのとＡＫＢ48になるの、どちらが良いか

　では、ここでみなさんに聞いてみましょう。同じ仕事にするのであれば、演歌歌手になるのとＡＫＢ48になるのでは、どちらが良いですか。

「ＡＫＢ48に入りませんか？」、「一緒にやらない？」とオファーが来ました。一方では「演歌歌手の先生に弟子入りして演歌でデビューしませんか？」という話が来ているとしたら、どちらにします？

　女子高生だったらＡＫＢ48のメンバーになれるのなら一回やってみたいですよね。一度「ステージに立ってみたいな」と思うけど、でも、今までの話を聞いて仕事としてどちらが良いかを考えたら、演歌歌手のほうが手堅いと思いませんか？　一〇年か二〇年先、いや五〇歳くらいになっても、演歌歌手であればいつか着物を着て紅白歌合戦に出られる可能性はあります。しかし、ＡＫＢ48に今入れたとしても、一〇年後に何をしているかと言えば、予想がつきません。ソロで芸能活動をしているかもしれませんが、もしかしたら引退しているかもしれません。

　さきほど話に出ましたが、私が大学生の頃、おニャン子クラブというアイドルグループ

が人気でした。今のＡＫＢ48くらい、とても人気があったんです。夕方の五時くらいからやっている「夕やけニャンニャン」という番組に出ていて、そのとき、とんねるずさんが司会をやっていました。同じお笑いなのに、とんねるずさんたちもずっと残っていますよね。

とんねるずさんも昔はコントをやってましたが、今は司会をやったり、歌を歌ったり、スポーツの仕事をしたり多方面に活躍しています。ワーッと騒ぐだけの一発芸人は長続きしませんが、様々な魅力でファンを楽しませることができる人は、何十年も生き残れるのです。

話を歌手に戻しましょう。演歌歌手がなぜ長い期間活動できる可能性が高いかというと、演歌はあまり変わらないからだと思います。時間が経てば、曲の構成や歌詞にも流行は多少あるのかもしれませんが、男と女の出逢いや別れ、あるいは恋心などの昔から定番のテーマがずっと存在します。

ところが、ポップスやアイドル系は本当に移り変わりが激しい。数年前の歌であっても聞いてみると何だかもう古臭かったりします。たとえば、安室奈美恵さんをプロデュースした小室哲哉さんという人がいます。彼の楽曲は一〇年以上前に日本の音楽シーンを席巻《せっけん》する大変な人気でした。でも、流行歌にはその曲を聞いた時の時代背景も一緒に記憶されています。ポップスは楽曲にその時代が色濃く反映されているのです。だから、昔の曲を聞くとその時代のことを思い出して、何だか昔の歌だなと思ってしまう面もあるのだと思います。

だからＥＸＩＬＥも、一〇年後に聴くと今の時代のことが記憶によみがえり、「なんかＥＸＩＬＥとか昔いたよね」となってしまうかもしれません。

でも、ポップスの世界で何十年も第一線で活躍しているグループも数は少ないですがいますよね。たとえば、サザンオールスターズがそうです。サザンオールスターズは、昔の歌を聴いてもあまり古いと思いません。それは、彼らの音楽が時代と共に巧みに変化してきたからかもしれないし、時代に影響されない高いレベルの曲だからなのかもしれません。

私は、サザンオールスターズはポップスではなく演歌じゃないかと思っています。特に歌詞を良く聴くと、何だか演歌に近い内容に感じます。演歌と同じように長い間飽きられない普遍的なテーマを取り上げている。だから飽きないのかもしれません。

いずれにしても、同じ芸能人でも、色々な仕事のやり方があるのです。

芸能界に限らず、仕事というのは一年だけやるものではありません。目先のことだけでなく、長い間続けられる仕事を考えるということ、これがみなさんに知っておいて欲しい二つめの重要なポイントです。

†芸能人とビジネスパーソン、稼げるのはどっち?

芸能人の仕事も、仕事のやり方によって収入が変わることがわかったと思います。ここでわかりやすく収入を比較するために、縦が人数で、横が年収というグラフを描いてみます(図表3)。これを見て、みなさんはどう思いますか?

一番左が年収ゼロ、そこから右にいけば年収五〇〇万円、年収一〇〇〇万円と収入は増えていきます。そして、ずっと先には年収一億円。芸能界で活躍している人たちの年収はどんな風に分布していると思いますか?

おそらくほとんどの芸能人は、年収一〇〇万円以下の低収入です。仕事が来ないので収入はほとんどない。本業では稼げないからコンビニでバイトをしたり、ラーメン屋さんで働いたりしています。今テレビで活躍している売れっ子の芸能人に聞いても、「昔ここで働いていたんです」とか「テレビの仕事が終わった後、コンビニでバイトをしていまし

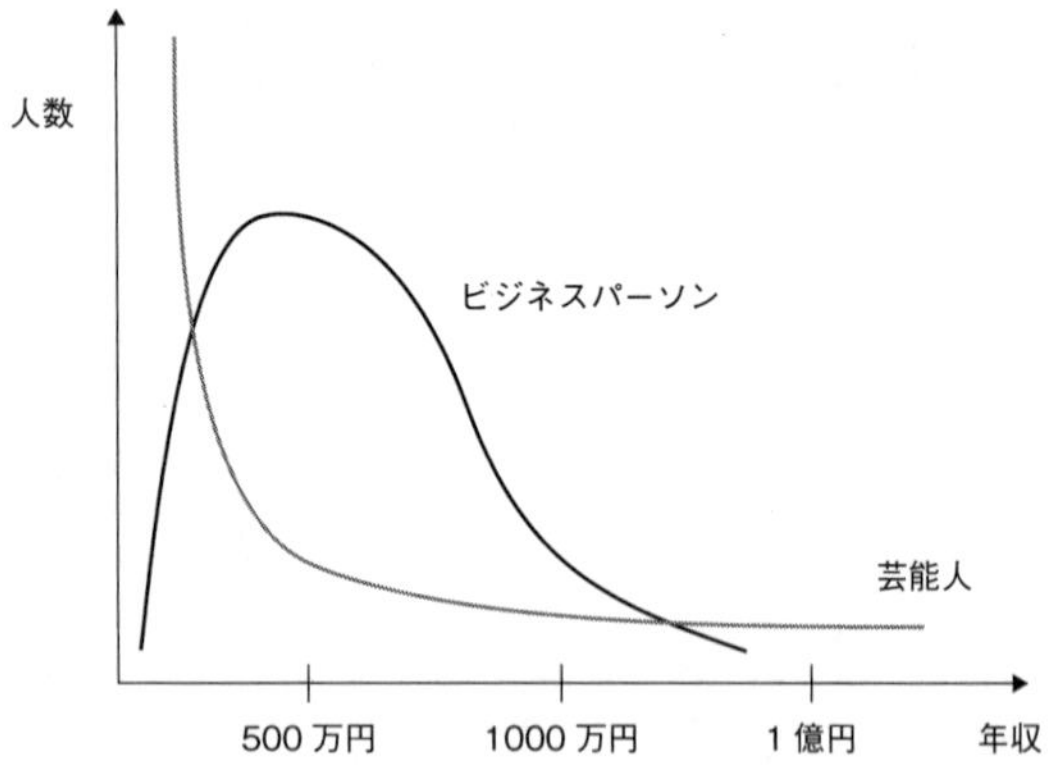

図表3　ビジネスパーソンと芸能人の生涯収入（イメージ）

た」とか、そういう話を良く聞きますよね。ほとんどの芸能人は全然お金が稼げず、一部の人だけが高収入になっている。たとえば、先ほど出てきたＥＸＩＬＥなんかはその頂点にいるわけです。

演歌歌手も同じです。演歌歌手なら誰でもみんな売れているかというと、売れていない人たちもたくさんいます。レコードが一枚も売れない人もいます。演歌歌手は安定していると話しましたが、売れるまでは収入がない人も珍しくないのです。

みなさんの周りにも、カラオケなんかでプロ顔負けのように歌がうまい人はいるでしょう。でも、そういう人が歌手としてデビューして、簡単にお金が稼げるかというと、そうは限らない。ヒット曲が出なければいつまでたっても売れないままです。でも、もし出したCDがたまたまヒットすれば、それをきっかけにコンサートをしたり、CMに出たり、テレビに出たり、と色々な仕事をして、お金が稼げるようになるのです。

ヒット曲に恵まれない人には、どれだけ歌がうまくても、全然仕事は来ません。また、今日売れていても、来年仕事があるかはわかりません。先ほども話に出た明石家さんまさんはバラエティ司会者としてとても売れっ子になっていますけれども、来年も仕事があるという保証はありません。番組が全部なくなってしまったら、その瞬間に収入はゼロです。芸能界とは華やかで、儲かりそうに見えますが、実はとても厳しい世界ということです。

†日本のビジネスパーソンの収入分布――平均年収は約四〇〇万円

今度は芸能界の仕事と会社で仕事をするのを比較してみましょう。

普通の企業に勤めているビジネスパーソンの全国平均の給料はどれくらいかわかりますか？　五〇〇万円？　二五〇万円？　三五〇万円？

これには統計データがあります。答えは、四〇五万円です。およそ年収四〇〇万円ということです。

では、ビジネスパーソンの年収の分布はどうなっているでしょうか？　図表3に芸能人と比較して表示してみましたが随分違うのがわかると思います。ビジネスパーソンの人達は、年収が一億円を超えることは滅多にありません。多くても三〇〇〇万、五〇〇〇万円で、それくらいもらうと例外的な高給取りです。六本木ヒルズなどに住んでフェラーリに乗ったりしている、そういう人達は、それくらいの年収を稼いでいるはずです。

でも、そういう人達はごく少数ですから、ビジネスパーソンの平均年収は約四〇〇万円くらいになっているのです。四〇〇万円が平均ということは、四〇〇万円よりも低い人もいるはずです。三〇〇万円や二〇〇万円という人もいますし、一〇〇〇万円や二〇〇〇万円くらいの、もっと高額の人達もいます。

ここでみなさんに考えて欲しいのは、芸能人の仕事とビジネスパーソンの仕事を比べて、どちらが魅力的かということです。

仕事のやりがいはとりあえず考えないとして、純粋に収入だけを見た時、どちらの仕事をしたいですか？

さん、どうでしょうか？

ビジネスパーソンですか？

はい。収入も安定しているし、リスクも少ないし……。

たしかにビジネスパーソンのほうが安定していますよね。年収の格差が比較的小さいですし、売れない芸能人のように生活ができなくなってしまうこともあまりないように見えます。つまりリスクが低いといえるのです。芸能界は、うまくいけば爆発的に儲かるけれども、ほとんどの人があまり儲かりません。これは逆にリスクの高い仕事であると言えます。

ここでも、リスク（不確実性）を取らなければ、リターン（収入）は得られないという法則が成り立っていることがわかります。会社で働くことは、芸能人として活動することに比べれば、安定していてリスクが低い。つまり浮き沈みの変動は小さく安定している。その代わりうまくいってもＥＸＩＬＥのように年収も数億円ということにはならないのです。

†平均年収が一番高い会社はどこか？

では、今度はビジネスパーソンの年収をもう少し細かく見てみましょう。今度は、会社別に、平均の年収がどれくらいかを調べたデータを探してみました。

社員の平均年収が一番高い会社はどこか知っていますか？　私も知らなかったんですが、スクウェア・エニックスというゲームソフトの会社です。『ファイナルファンタジー』シリーズを作っている会社ですが、平均年齢四一歳で、平均の年収が一七八六万円。平均ですから、スクウェア・エニックスの社員にはきっと年収二〇〇〇万円以上の人もいるのでしょう。すごいですね。次に多いのがフジテレビで一四五二万円。テレビ局の人は実は高給取りなんです。それ以外にも色々な会社がありますが、見ているとだいたい三菱商事や住友商事のような商社。それからテレビ東京やTBS、朝日放送などの放送局。それから、ゲームをつくっている会社などが、平均年収の多い会社になっていますね。図表4で確認してみてください。

学校を卒業して社会人になると、会社で仕事をする人が圧倒的に多いですが、どの会社でどんな仕事をするかによって仕事の内容だけではなく、収入も変わってきます。いった

	社名	業種	年収	年収増減	平均年齢	従業員数（単独）	従業員数（連結）
1	**スクウェア・エニックスHD**	情報・通信業	1786	**－**	41.2	17	3338
2	**フジ・メディアHD**	情報・通信業	1452	**-124**	44.3	24	6013
3	**MS&ADHD**	保険業	1422	**6**	46.6	50	21908
4	**三菱ケミカルHD**	化学	1371	**-83**	48.6	40	53907
5	**アストマックス**	証券業	1358	**97**	36.0	54	74
6	**東京放送HD**	情報・通信業	1357	**-114**	49.7	75	5297
7	**スカパーJSATHD**	情報・通信業	1322	**301**	47.7	16	829
8	**住友商事**	卸売業	1321	**-51**	42.4	5100	72030
9	**朝日放送**	情報・通信業	1318	**-197**	40.9	641	851
10	**三菱商事**	卸売業	1301	**-53**	42.9	6220	58583
11	**三井住友FG**	銀行業	1294	**-7**	40.8	183	57888
12	**東京海上HD**	保険業	1278	**-166**	40.6	379	29578
13	**日本テレビ放送網**	情報・通信業	1262	**-58**	40.7	1159	3339
14	**三井物産**	卸売業	1261	**-181**	42.0	6177	41454
15	**伊藤忠商事**	卸売業	1257	**-43**	41.0	4259	62379
16	**ショーボンドHD**	建設業	1229	**124**	55.0	2	825
17	**テレビ朝日**	情報・通信業	1213	**-112**	41.4	1153	3778
18	**中部日本放送**	情報・通信業	1166	**-30**	40.5	344	714
19	**丸紅**	卸売業	1163	**-35**	41.8	3951	29604
20	**RKB毎日放送**	情報・通信業	1153	**-38**	41.6	226	650
21	**野村総合研究所**	情報・通信業	1140	**29**	37.3	5314	6263
22	**GCAサヴィアングループ**	サービス業	1138	**-737**	40.0	9	226
23	**SRAHD**	情報・通信業	1131	**161**	52.2	14	1696
24	**ジェイ　エフ　イー　HD**	鉄鋼	1126	**-75**	42.3	53	53892
25	**アクセル**	電気機器	1126	**7**	37.4	70	70
26	**電通**	サービス業	1118	**-159**	39.1	6724	18255
27	**商船三井**	海運業	1113	**-59**	37.6	915	9707
28	**三井不動産**	不動産業	1103	**6**	41.0	1216	15922
29	**ランドビジネス**	不動産業	1097	**-128**	44.2	19	19
30	**プリヴェ企業再生グループ**	化学	1096	**16**	36.2	10	530
31	**三菱地所**	不動産業	1095	**-44**	40.0	772	7983
32	**三菱UFJFG**	銀行業	1084	**-50**	40.0	1008	84266
33	**エーザイ**	医薬品	1072	**-4**	41.6	4367	11415
34	**富士フイルムHD**	化学	1063	**-69**	45.4	141	74216
35	**野村HD**	証券業	1060	**-75**	39.5	50	26374
36	**角川グループHD**	情報・通信業	1058	**18**	45.0	46	2523
37	**MKキャピタルマネージメント**	サービス業	1050	**131**	38.9	31	32
38	**テレビ東京HD**	情報・通信業	1050	**-138**	38.9	706	1352
39	**住生活グループ**	金属製品	1047	**167**	44.5	44	35976
40	**アステラス製薬**	医薬品	1034	**14**	40.5	5563	15161
41	**WOWOW**	情報・通信業	1017	**2**	39.8	266	376
42	**キーエンス**	電気機器	1008	**-127**	32.5	1959	3081
43	**野村不動産HD**	不動産業	1006	**-63**	45.0	14	5195
44	**みずほFG**	銀行業	1005	**-49**	39.9	294	57014
45	**双日**	卸売業	1005	**-168**	41.1	2295	17331
46	**グローウェルHD**	小売業	1003	**－**	54.3	1	2371
47	**東燃ゼネラル石油**	石油・石炭製品	1001	**-22**	44.8	1604	2354
48	**東京建物**	不動産業	998	**-45**	39.3	445	2231
49	**博報堂DYHD**	サービス業	994	**-54**	41.8	141	9823
50	**日本M&Aセンター**	サービス業	985	**-3**	35.3	90	92

図表4　企業の年収ランキング（2009年）

ん仕事を決めたらそれを後から変えるのはそんなに簡単なことではありません。それに会社を転職するのもチャンスがないとなかなか難しいことです。だから学生時代のうちに自分がどんな仕事をしたいのか、そしてそれを実現するのはどの会社に入れば良いのかを戦略的に考えておくことが大切なのです。

ワーク1　自分のやりたい仕事を考える

みなさんは将来何になりたいですか？　仕事は何がしたいですか？　女性だったら専業主婦になりたいとか、子育てしたいというのもあるかもしれませんが、「自分がやりたい仕事を何でもできますよ」、といったときに、何がやりたいか、どうしてその仕事をしたいのかという理由を考えてみてください。

†仕事を決める三つの要素──収入、好き、社会のため

なぜみなさんはその仕事を選んだのでしょう？

仕事を選ぶ基準というのは、いくつかあると思いますが、一つは「**お金が稼げること**」です。次が、「**やりたいこと**」であること。それから三つめが、「**世の中のためになること**」。この三つが仕事選ぶ基準になります。

みなさんには「やりたいこと」があると思います。たとえば、学校の先生になりたいという人は教えるのが好きとか、保育士になりたいという人は子どもが好きとか、薬剤師になりたいという人は薬の化学反応を調べたりするのが好きとか。（ワーク1）でやったようにこのやりたいことを仕事にするというのはすごく重要です。

もう一つ大事なのは、「世の中のためになる」ということです。自分がやっていることが人の不幸を招くような仕事はやってはいけません。みんなを幸せにするような仕事をしないで、「人の役に立ってないんだ」、「人をだましているような仕事なんだ」となると、最終的に段々後ろめたい気持ちになっていきます。人間には心があるから、そういう仕事は長く続けられません。途中で自分のことが嫌になってしまう。「こんな仕事をやってい

ても自分のためにならない」、「世の中のためにならない悪い仕事だ」と思っちゃうと続けられないということです。

たとえば、暴力団に入っていた人の話を聞いたことがあります。最初は、世の中が自分の思う通りになると楽しくやっていたのかもしれませんが、段々「こんな事をしていていいのかな」、「人に迷惑ばかりかけているな」と思い始めます。そんな罪の意識を感じて、その後暴力団を辞めてしまい、「改心しました」と言ってお坊さんになる人もいるそうです。「今まで悪いことばかりしてきたので、これからは仏《ほとけ》の道に入ります」というわけです。

収入とは感謝のしるし——「収入が多い＝感謝が多い＝社会のため」

人間は人に喜んでもらうことが好きです。「あなたの仕事に助けられました、ありがとう」、「君のおかげでうまくいった」、「あなたの作ってくれた薬で病気が治りました」、「あなたが先生をしてくれたので息子が立派に成長をした」と言われれば、誰でもみんな嬉しいものです。世の中のためになる、誰かに感謝されるというのはすごく楽しいことなんです。

やりたいことをやるのはもちろん良いのですが、誰かにやったことが感謝される。「ありがとう」、「感動をくれて嬉しい」と言われれば、仕事としてよりやりがいが出てきます。さきほどの芸能界の仕事もそうです。AKB48が来ただけで、みんなが喜んでくれたら、楽しいんです。「私が行くと喜んでくれる」、「私の歌を聴くとみんな涙を流してくれる」。そうなってくると嬉しい。これはどんな仕事でもそうです。学校の先生であれば、生徒に尊敬されるとか、「先生の授業は楽しいです」、「先生に教えてもらったことを一生忘れません」と言われれば、やっていて良かったなと思うでしょう。自分のためも大事ですが、人から感謝されるということは、仕事ではとても重要なポイントだと思います。

まず、何をやりたいのかを考えてみましょう。手先が器用な人でしたら、職人になりたいなどもありますが、そこから、その作ったものが世の中の役に立つか？　誰かを幸せにできるか？　ということを想像してみることも大事です。

†お金を稼ぐ＝世の中のためになる

仕事で忘れてはいけない大事なことは、「お金を稼げるか？」ということです。

実は、このお金を稼ぐということと、世の中のためになるということは、つながっています。たとえばＡＫＢ48のコンサートには、みんなチケット代を払って行きます。しかし、聞いたこともなく、ＣＤも売れてない、まだデビューしたばかりのグループが、「五〇〇〇円でコンサートをやります」と言ったら行きますか？　きっと行きませんよね。

世の中のためになる、人に感動を与えることができるから、お金を払ってくれる人がいるのです。感動しないものにお金は払いません。歌を聞いても、感動できなかったり、お笑いを観ても全然面白くないから笑えない、となってしまうと、お金は稼げません。お笑い芸人は、みんなを笑わせることで、「面白かった」、「元気になった、ありがとう」と言ってもらうためにやっているわけですから、面白くなかったら世の中のためになっていないわけです。

つまり、お金を稼げるということは、人のためになっているということです。たくさんお金を払ってくれるという人がいるということは、それだけその人がやっている事には価値があるからお金を払ってくれるとも言えるわけです。

逆に言うと、お金が稼げていないということは、あまり世の中のためになっていないことを示しています。

だから、仕事をしてお金をたくさん稼ぐということは別に悪いことではないということを知っておいてください。日本では高給を取っている人は何だか悪い人のように思われる傾向があったりしますが、お金を稼ぐイコール悪いことではありません。

芸能人でたくさんお金を稼いでいる人は、それだけみんなを感動させられるから、それだけお金が入ってくるという風に考えてよいでしょう。お医者さんであれば、すごく儲かっているお医者さんというのは、腕が良くて病気を治してくれる。それで患者さんがたくさん来るので儲かっているのです。たくさんの人を助けているから、それだけ収入があると考えるのが自然です。このようにすべての収入は周囲からの評価や感謝のしるしと捉えることができるのです。

仕事でたくさんお金を稼いでいる人は、その人にやって欲しいと仕事の依頼がたくさんきます。なぜその人に頼むかというと、その人のやってくれる仕事が良い仕事だからです。高いお金を払ってでもやって欲しい、と思うわけです。結局、お金を稼いでいるということは、人に満足を与えている、人に感動を与えているから、それだけお金が稼げているということなんです。

もちろん、やりたいことをやるのは大事ですけれども、それが世の中のためになって、それによってきちんとお金が稼げるようになるか、ということも考えてほしいと思います。

三つのバランスが取れた仕事を見つけることができれば、人生はきっと楽しく輝くものになるはずです。高校生のみなさんは、仕事なんてまだまだ先のことだと思っているかもしれませんが、今から少しずつ考えてみてください。

†仕事の成功の三要素は、才能、努力、運

さきほどみなさんに自分のやりたい仕事を考えてもらいました。

そして、仕事を選ぶには三つの視点で考えましょうというお話をしました。

しかし、ほかにもいくつか考えなければいけないことがあります。

「仕事でうまくいく、うまくいかないというのは何で決まるか?」ということです。たとえば、ビジネスで成功している人と成功していない人がいます。同じ芸能人でも売れる人と売れない人がいます。会社に入っても、出世する人と出世しない人がいます。何が違うのでしょうか?

一つは**才能**。次が**努力**。三つめは**運**。これが私の考えです。

会社の中で出世をする人は、もともと頭が良くビジネスのセンスがあったか。もしくは一生懸命努力をしたか。または、たまたま良い仕事に巡り合えたか。

芸能人もそうです。売れているタレントさんはなぜ売れているのでしょう？　もともと面白いか、もともと歌がめちゃめちゃうまいか、もしかしたら一〇年間頑張り続けて全国を回っているうち売れるようになったのかもしれませんし、たまたま運良くお笑いブームが来た、ロックバンドのブームが来たということもあるでしょう。そういうことで売れてしまう。

世の中のほとんどのものは、だいたいこの三つで決まってしまう。

ただ、それぞれの比率は違うと思います。

芸能人の場合、どれが一番大事だと思いますか？

私は才能が大きいと思っています。努力をしても、才能のない人はお笑い芸人やミュージシャンとして売れるのは難しい。だけど才能があれば、ある程度まではいきます。努力もしなくてはいけませんが、努力だけしても運と才能がないと、人気の芸能人にはなれないと思います。

クラシックの演奏者やスポーツ選手も、才能がないと難しいと思います。たとえばフィギュアスケートの浅田真央さんのような人です。もちろん努力もしなければいけませんが、もともとの才能や能力がないと一定以上伸びなくなってしまいます。その、生まれつきの才能を、毎日一生懸命、努力することで将来開花させていくわけです。表舞台は華やかですが、普段は見えないところで懸命に練習しているわけです。もちろん、才能や努力だけでも不十分です。たとえばオリンピックのひのき舞台で実力を発揮する。そんな運も一流選手は持っているのです。

†ビジネスの世界は努力の占める比率が高い

では、会社で仕事をするビジネスパーソンには、何が一番影響すると思いますか？

私の経験から、これはもう努力だと断言します。運や才能も少しはあるかもしれませんが、努力が一番大きい。

学校の勉強や大学入試も仕事と似ています。もちろん運とか能力も関係ありますが、努力でかなりカバーできます。ですから、誰でも頑張れば良い大学に入れますし、あるいは自分の志望校に行きたいというのも、努力でかなり実現できます。

だから会社に勤めて普通の仕事をしていく時に一番必要なものは、努力して働くということです。

もちろん努力をしても、「才能がある人には勝てないんだよな」、「あいつ頭良いんだよな」とか、「あいつ運が良いんだよな」、「要領良いんだよね」ということはあるかもしれません。でも、仕事をするのは短い時間ではなく、三〇年、四〇年といったとても長い期間です。その間に運が悪いと思うことがもしあったとしても、努力を続けていればそれを上まわるような成果を実現できるのです。

私の大学受験の話を少ししましょう。私は、出身大学は東京大学ですが、実は高校二年生までは成績は学校の中の下くらいであまり良くありませんでした。私のいた高校では東大に入るのは学年でトップ五％くらい。じゃあ、東大にどうやって入ったのか？　それは死にもの狂いで努力したからなんです。

努力の理由、それは失恋です。ちょっと恥ずかしい話ですが聞いてください。

実は、高校三年生の時に、好きな女の子がいました。たまたま同じクラスになって、交換日記をして、とても仲良しでした。ところが、夏休みになって、交換日記はどうするのかなと思ったら、「夏休みだからしばらく会えないよね」と言われて、そこから途絶えてしまったんです。

そして夏休みが終わって、九月に学校の文化祭があったのですが、最終日の夜に校庭でキャンプファイヤーがありました。みんなが歌ったり踊ったりしているのを見ていたら、向こう側に自分が好きだった女の子がいて、その隣に彼女の付き合っている男性がいたのです。彼は、学校で有名な人気者でした。その光景を見ているうちに、私の闘争心がメラメラと燃えてきたのです。「よし俺は、この失恋を大学受験で返してやる」と心に誓いました。つまり失恋を勉強へのエネルギーに転化させたのです。

そこから入試までは半年もありませんでしたが、その間は、毎日一五時間くらい、本当に死にものぐるいで勉強しました。一月と二月に大学入試のテストがあったのですが、食事をしているときと寝ているとき以外は、ずっと勉強です。風呂に入っているときも勉強していました。そうしたら、学校の先生には絶対に無理だと言われていたのに、努力が運も味方につけてくれてなぜか合格してしまったんです。

そんな経験から私がみなさんに確信を持って言えるのは、努力はとても大事だということです。死にものぐるいで努力すれば、成果を出すことができるのです。

良く考えてみれば、プロのスポーツ選手や芸能人に比べて、受験なんて大して難しいことはありません。なぜなら、たとえば東京大学に入っている人は、毎年三〇〇〇人もいるからです。オリンピックに出場したり、サッカーで全国大会に出たりするほうが、よほど難しい。運動神経が悪いのにサッカー部に入って努力しても、なかなか芽は出ません。それに比べて勉強は、頑張れば報われる度合いが大きいのではないかと私は思います。

受験に関して言えば、日本の大学の入試制度はとても公平です。「気に入ったから」、「この人ひいきしちゃおう」という好き嫌いで決まることもありませんし、裏口入学というのも実際に聞いたことがありません。基本的にはテストを受けて、みんな平等に評価する仕組みです。きちんと自分で努力して、実力をつければ、希望に近づくことができるのです。

そういう意味では、会社の仕事も同じです。努力をすることがとても大事です。もちろん才能があったほうが良いに決まっていますし、運があればうまくいくこともありますが、そんなことを言っているよりまず頑張ってやるということが、とても重要なのです。

†なぜ人気のある仕事より、好きな仕事をやるべきか?

今度は仕事の選び方について考えてみましょう。もし将来みなさんが仕事を選ぶときには、どうやって考えるのが良いでしょうか?

まず自分にとっての仕事を分類してみましょう。図表5のように、マトリックスを作って縦が「人気」「不人気」、横が「好き」「嫌い」と分けてみます。

よく「大学生がどこの会社に入りたいか」という就職人気ランキングをやっていますね。あれを見ると、人気のある会社と人気のない会社があることがわかります。では、人気のある会社とはどういう会社なのでしょう?

給料が高いとか、みんなが知っているとか、華やかで憧れそうな会社——たとえば航空会社とかテレビ局、それから商社などです。そういうところは人気があります。反対に、給料が高くない、あまりかっこよくない、地味な会社であまり知られていないといった会社は、人気がない。そんな傾向があります。

みなさんにも、やりたい仕事とやりたくない仕事があると思います。

就職活動をしている大学生達の多くは、左上の会社を目指しているんです。どういう仕事かというと、自分が好きでもないのに人気のある会社に入りたがる。たとえば、「全日空に入りたい」、「三菱商事に入りたい」といったように。でも、そういう有名な会社にいきたいと言う人は、本当にその会社の仕事は好きなのでしょうか? 本当に商社の仕事をしたいのでしょうか?

実はあまり好きではない人もいるのではないでしょうか。私には航空会社の仕事や商社

図表5　仕事選びのマトリックス

の仕事が本当に好きで志望している人がそんなに多いとは思えないのです。実は違うことをやりたいのに、人気があるからこっちにいこうとする。そういう人は結構多いように思います。しかし、そうやって好きではない仕事を人気があるからといって選んでしまうと後から大変なことになります。

人気のある会社には、たくさんの人が殺到します。そうすると当然競争が激しくなります。もし運よくその会社に入れたとしても、競争の激しいところに入るので大変です。努力しても、優秀な人がもっと努力するから頑張っても報われないかもしれない、私が提案したいのは、左上よりも、右下にいったほうが良いのではないかということです。つまり、一般的にはあまり人気はないかもしれないけれども、自分は好きな仕事。こっちのほうが、仕事をするのなら、本当に自分のやりたいことにつながります。好きなことですから、飽きずに続けることができますし、あまり人気がないということは競争も激しくないからです。

人気があるというだけで会社選びをすると、思わぬ落とし穴に入ってしまうこともあります。

たとえば、三~四年前くらいまで航空会社のＪＡＬはとても人気がありました。人気ランキングのベスト一〇の常連でしたが、二〇一〇年に破綻《はたん》してしまいました。そうすると、人気があるからと思って入った人は、あっという間に人気がなくなって、「なんであんな会社に入っちゃったんだろう、失敗したな」と思うわけです。しかし、本当に飛行機とか航空会社で仕事をしたいと思っている人は、会社の人気なんか関係なく仕事を続けることができます。

ですから、みんなと同じことを横並びでやるのではなくて、自分が何をしたいかということをしっかりと考えて、それをベースに会社選びをして欲しいのです。そのためには自分の好きなものは何かを、まず探しておくことが大切だと思っています。

もし自分が好きなものが何か見つかったら、今度はそれをどうやったら仕事にできるのかを考えてみましょう。なんでもいいんです。たとえば、お酒がすごく好きだとすれば、どうやってお酒を仕事にするか、と考えてみます。バーでバーテンダーとして働くのか、それともバーを経営するのか、お酒を輸入するショップをインターネットで作るのか、色々な仕事のやり方を考えることができますね。同じように、みなさんの好きなものならなんでもいいんです。たとえば手先が器用でプラモデル作りが好きだったら、それを活かして、どうやってビジネスにできるかを考えてみる。自分の好きなものというのが何かあるなら、それを仕事にしていく。そういうアプローチです。

最初から人気があるとか、みんながやっているとか、今流行《はや》っているからというのをやってしまうと、人気がなくなってしまったら困ります。みんながやっているからというだけでやっていると、時代が変わったときに困ってしまうんです。

では、ここでみなさんに自分の仕事を考えるヒントを得てもらうために（ワーク2）をやってもらいましょう。

ワーク2 自分の好きなことは何？
それを仕事にできないか？

自分の好きなことはなんですか？

寝るのが好きとか、お風呂に入るのが好きとか、自分の顔を鏡で見るのが好きとか、なんでもかまいません。自分が本当にやっていて楽しく、あっという間に時間が経ってしまう、これを一日中やっていてもいいなということを、考えてみてください。

そして、それをどうやったら仕事にできるのか。もしそれを仕事にするならどうしたらいいのか、想像してみましょう。もし仕事にできなそうなら、好きなことだけでもかまいません。自分がこれをしているときは本当に時間を忘れて楽しいという、好きなことを一〇個くらい書いてみましょう。

今度は仕事の心構えをお話しします。

最初に知って欲しいのは、仕事をするんだったら一番になるべきだ、ということです。わかりやすい例で説明してみましょう。

たとえば、芸能界で一番売れているグループと、二番目に売れているグループと、三番目に売れているグループとでは、全然人気が違います。そして、一〇〇番目くらいに売れているグループというのは、もうまったく売れない。存在すら知られていないのです。

スポーツもそうです。プロゴルファーで優勝する人と、二番になる人と賞金がどれくらい違うか知っていますか？　二倍から三倍違うんです。たとえば、石川遼選手が優勝しそうだったのに、パットを外して二位になったとします。そうすると、一回ゴルフのパットが多くなるだけで、賞金二〇〇〇万円だったのが、たとえば一〇〇〇万円になってしまう。一打一〇〇〇万円です。ですから、一番になるということはすごく大事なのです。

どんな仕事でも一番になるということがすごく大事です。薬剤師であれば、「この薬だったら、私が一番よく知っているんです」、「薬の調合は私が一番早くできます」、「絶対に間違えない自信があります」といったことや、先生であれば「一番面白い授業ができます」、「一番学生の成績を上げる授業ができます」とか、何でもいいので一番を目指すのです。

なぜ一番になることが大切なのか？　それは一番になることで、ほかの人と競争して勝てるようになるからです。ビジネスというのは競争ですから、自分が他の人に比べて何か優れている点がなければ仕事をもらうことができない。なぜなら自分よりできる人のところに仕事が行ってしまうからです。

一番になろうと考えた時、好きな仕事をやっているというのは、実はすごく強いんです。なぜかと言うと、好きなことをやっている人は仕事と思ってやっていないので飽きないからです。

みなさんはゲームをするのは好きですか？　ゲームをしたり、友達と話したりするのは楽しいですよね。もし、友達と話すのが仕事にできて、それでお金を稼げるとしたら、どうですか？　すごく嬉しくないですか。そんな風に好きなことをずっとやっていて、お金がどんどん入ってくる。そうなれば仕事をしているのが楽しい。楽しくずっと仕事をしていれば、仕事だと思って嫌々やっている人よりきっと高い成果がだせる。そんな風に自分が好きなことが仕事になるというのが、本当は一番理想的なんです。

飽きずに、ずっとやっている人には絶対に勝てません。たとえば、私の知り合いで文房具がすごく好きだという人がいます。文房具のことだったらなんでも知っている。その人は別に勉強しようと思っているのではなくて、自分が好きでやっているから、一番詳しいわけです。そうすると、文房具のことを聞こうと思ったら、誰もがその人のところに話を聞きに来るようになる。そんな、好きでやっている人には絶対勝てないんです。

†収入が上がる仕事、下がる仕事

仕事はなるべく収入が多い方が良い。誰でもそう考えるのは当然です。収入が多いということは、それだけ自分に価値があるということですから。では、自分の仕事の価値は何で決まるのか。一般的に言えるのは、誰でもできる仕事は一般的に収入が低い。逆に、できる人の数が少なければ収入は高くなる傾向があります。

EXILEのメンバーは、世界にEXILEしかいません。あの人達だから良いのであって、ほかの人がEXILEのマネをしてもそれには大した価値はないのです。芸能人というのは、自分以外に代わりがいません。「今日ちょっとEXILEはお休みなので、別の人が同じ曲をやります」なんてことはありません。EXILEが出られなければ、コンサートは中止になってしまいます。

一方、誰でも代わりがきく仕事というのは、収入はどうしても安くなってしまいます。「私、今日は休みます」と言ったら、「いいよ、違う人にやってもらうから」、と言われてしまう仕事は、要するに誰でもできる仕事なんです。そして誰でもできる率が高いほど、価値がなくなってしまいます。

反対に、その人にしかできない技術など、自分だけの価値がある仕事であればあるほど、**希少性**が高まります。さきほど言った「一番になる」ということは、その「希少性を高めていく」ということです。

同じ仕事をしていても、その人にしかできないというものがあります。たとえば、牛丼屋さんで牛丼の盛りつけが速い人がいます。そのうえ絶対にグラム数がぴったり合っている。そういう人には普通のアルバイトよりは希少性があります。だから、同じアルバイトの中でも給料が上がる。でもそういう仕事は、ある程度やれば誰にでもできてしまうので、すぐに希少性がなくなってしまいます。

アーティストや芸能人、スポーツ選手といった人たちの代わりはいません。石川遼選手のようにかっこよくて、ゴルフもうまくて、好青年でハキハキとしていて、好感度バッチリな人というのは、ほかにいないんです。だから希少性がすごく高い。

プロゴルファーとしての石川遼選手の去年の年間獲得賞金は約一億円と言われています。でも、彼がもらっているのはツアーの賞金だけではありません。ゴルフクラブの会社やユニフォームの会社、帽子の会社など、色々な会社がスポンサーに付いているので、一年間に数億円の収入になっていると推定されます。なぜ彼にみんなお金を出すかというと、広告媒体としての価値があるからです。石川遼選手が「私はこのゴルフクラブを使っています」と言うと、みんながそれを買う。みんな石川遼選手と同じことをしたい。ほかのゴルファーにはない希少性があるから、あれだけ収入を稼げるのです。

これはすべての仕事に当てはまる法則です。アルバイトのレジ打ちは誰でもできると思うかもしれませんが、レジ打ちがうまい人、接客がとても気持ち良くて好感度が高い人もいる。あるいは速くできる、間違いがないなど、色々なスキルがあれば、それはどんどん希少性につながっていきます。

だから、どんな仕事をするのであっても、人とどうやったら違いが出るか、人よりもどこか優れたところ、お客さんに評価してもらえるところは何かを考えていくのが大事なのです。その人にしかできないものがあればあるほど、希少性が高くなり、収入が上がっていきます。そうなるためには、「どうしたら自分にしかできない仕事ができるか？」ということを常に考える。これが大切なのです。

†目先のことより生涯のことを考える——サッカー選手は四〇歳で何をしているか？

今度は年齢と収入の関係について考えてみましょう。

仕事には、年齢が高くなると収入がアップしていく仕事と、下がってしまう仕事の二種類があります（図表6）。

どっちが良いですか？　もちろん収入がアップする仕事ですよね。もしかしたら、若いうちは給料は低いかもしれない。しかし年を取るごとに段々と給料は上がっていく。このような仕事なら未来に希望が持てます。

大切なことは、どうやったら経験とともに収入が上がるような仕事をできるかということです。そのためには、あまり目先のことを考えすぎないことです。初任給がすごく良いとか、今すぐ稼げると思っても、二〇代、三〇代、四〇代と年を重ねるにつれ、どんどん収入が減っていってしまってはジリ貧です。

たとえば、すごく人気があって、とても稼いでいるアイドルがいるとします。それでも、段々歳をとるにつれて、新しい競争相手も続々とデビューしてきますから、アイドルとい

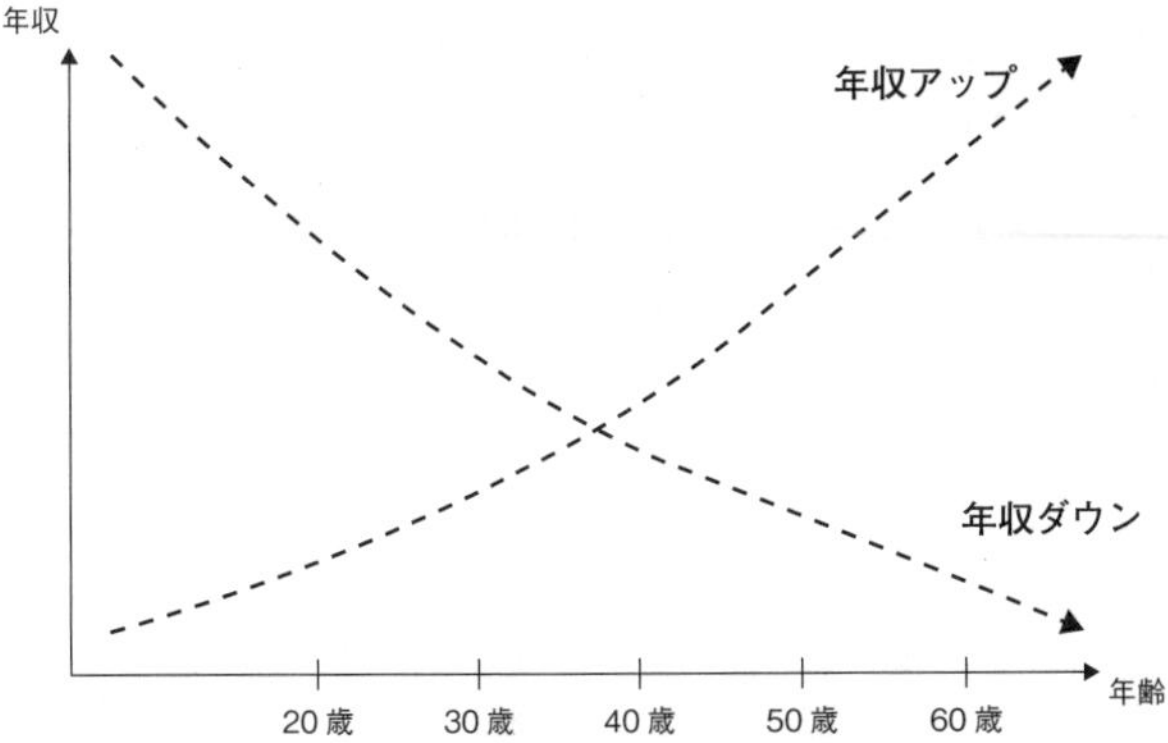

図表6　年齢と共に収入が上がる仕事、下がる仕事（イメージ）

うだけでは稼げなくなってしまう。もちろん女優になる人とか、違う仕事でもっと稼げるようになる人もいますが、多くは若くして引退してしまいます。人気を維持し続けるのはすごく大変なことなのです。

先ほど例に出た、サザンオールスターズの桑田佳祐さんなどは珍しいケースです。ずっと売れっ子で、高い収入を続けているからです。アーティストとしてはすごく稀な才能を持っているんです。

みなさんが仕事をするときには、今始めた仕事が三〇代、四〇代、五〇代、六〇代のときにどうなっているのか想像してみましょう。今はすごく楽しい仕事だと思っていても、三〇代でこの仕事はどうなっているんだろう、四〇代でどうなっているんだろう、五〇代でどうなっているんだろう、六〇代でどうなっているんだろう、と考えていくと、二〇代のときよりも三〇代のほうが仕事ができ、三〇代より四〇代はさらにできるようになるように、自分の価値を高めていかないと、収入はアップしてはいかないんです。

このように、将来どんな仕事をしたいのか、そのために今何をやっておくべきかという計画を立てていくことを「**キャリアデザイン**」と言います。たとえば、二〇代では日本の会社で金融の勉強をする。三〇歳になったら留学をして勉強してくる。三〇代半ばで日本に戻って仕事をし、四〇歳で大学の先生になる——、というように考えていくのがキャリアデザインです。

キャリアデザインは、その通りになるとは限りません。

若いころやろうと思っていた仕事とは全然別のコースを歩んでいる人は珍しくないのです。私も二〇代の頃は、不動産の仕事がしたいと思っていました。でも今は投資の仕事をしています。

それでも、今から、それぞれの年齢で自分は何をしているのか、ということを考えておくことは決して無駄にはなりません。その通りにならなくてもいいんです。自分が三〇代のとき、四〇代のとき、五〇代のとき、六〇代のとき、どんな風になっているかを考えることで、今やるべきことが見えてくるからです。そうすれば、それを一生懸命やろうという気持ちになってきます。

†なぜフリーターになってはいけないか？

フリーターという仕事があります。フリーターというのは、「定職に就かずにアルバイトをして暮らしていこう」という人です。

フリーターの何が問題かというと、それは年齢を追うごとにスキルを上昇させることが難しいからです。つまり時給が上がらない状態で仕事を続けることになり、体力が衰えると年収が下がっていってしまう状態になるからです。

若いうちは、正社員よりフリーターの方が稼げるかもしれません。時給二〇〇〇円の仕事であれば、頑張れば一カ月に五〇万円、六〇万円は稼げます。でも若いうちは稼げるとしても、同じスキルのままで自分が成長しなければ、年齢と共に仕事を探すのは難しくなります。その仕事が三〇歳、四〇歳、五〇歳になってもできるのか？　というと、若手に段々と仕事がシフトし、長時間働くこともできなくなり、収入は頭打ち。悪くすると下がっていくことになります。こういう仕事のやり方では将来のキャリアデザインは描けません。

†スポーツ選手のキャリアデザインは?

今度はスポーツ選手を考えてみましょう。たとえば野球選手は、だいたい三五歳から四〇歳になったら引退します。サッカー選手になると、もっと早くだいたい三〇歳くらいになると引退してしまいます。

「サッカー選手になりたい」という夢を持つことは悪くありませんが、三〇歳になったらどうするのか、四〇歳になったらどうするのか、五〇歳になったらどうするのか、きちんと考えておかないといけません。たとえば、三〇歳までは現役でプレーします。三〇歳を越えたらコーチになります。四〇代になったら監督になります。五〇代になったら監督もやめてサッカー教室を開きます、といったようにキャリアデザインが必要なのです。

そういう先々のことまで考えないと、現役を引退すると収入が減ってしまいます。ずっとサッカー選手をやっていくことはできません。できないならどうするか? そのことを考えなければいけないということです。

何をやるかを考えるとき、キャリアデザインという発想から自分の方向性を考えてみる。この授業でやった自分がやりたいことから将来を想像するという方法でトライしてみましょう。ワーク3で早速やってみてください。

ワーク3 それぞれの年齢でどんなことをする？

なんでもいいので何か仕事を一つ選んでください。
その仕事で何歳までに何をする、という簡単なキャリアデザインを作ってください。
たとえば先生になるとします。では二〇代では何をするのか？　三〇代ではどんな先生になっていて、何を教えているのか？　四〇代には教頭先生や校長先生になっているかもしれないし、自分で私塾を作っているかもしれません。そうやって一つの仕事を考えて、それぞれの年代でやっていること、できることを図表7にまとめてください。

	20代	30代	40代	50代	60代
仕事					

図表7　キャリアデザイン・ワークシート

†グローバル化と英語の必要性――ユニクロのライバルはしまむらではなくGAP、ZARA

仕事に関してもう一つ、これから何が変わるかをお話ししておきましょう。

これからの仕事で重要になるのは「グローバル化」です。グローバル化とは、**「世界的な競争が始まっている」**ということを意味します。

みなさんがこれから、社会人になって仕事をするときに直面するのは、「世界と戦わなくてはならない」という現実です。これまでの仕事は海外はあまり関係なく、日本人同士で競争していました。でも、これからは海外の企業や外国人とも競争しなければなりません。

たとえば、ファーストリテイリングという会社があります。ユニクロで有名な会社ですね。ファーストリテイリングは、国内の会社、たとえばファッションのしまむらと競争しているのではありません。GAPとかZARAとか、そういうブランドと世界中で競争しているんです。トヨタ自動車は日産自動車と競争しているだけではありません。フォードやBMW、ベンツなどと、グローバルに競争を始めているんです。

今までの日本の会社は、日本の国内だけでビジネスをして、日本人に商品を売っていれば良かった。けれども、これから日本の人口は減少し、市場もだんだん小さくなっていきます。すると、日本だけではなく海外でも売らなければならないので、アジア、ヨーロッパ、アメリカといった国々に出て行くしかありません。そうなると現地で海外の会社と競争しなければいけなくなる。

あるいは逆に、海外の会社も日本にどんどん入ってきています。アップルもスターバックスコーヒーも、みんな外資系の会社ですよね。そういう会社が入ってくると、国内でも海外の企業と競争をしなければいけません。

たとえば、購入した商品に問題があったらコールセンターに電話をしますよね。最近は中国でやっているケースもあるそうです。日本語がペラペラな中国人はたくさんいるんです。しかも、日本のコールセンターで働いている人よりも安く、一生懸命働いてくれる。日本人だと、「残業したくない」とか、「土日は休みたい」とか文句ばかりを言う人が多いようですが、中国の日本語スタッフの人達は「土日も働きます」、「一日一二時間勤務でもいいです」、「お給料も日本人の半分以下でいいです」、「死にものぐるいで働きます」と言うらしいです。物価も安くて生活水準もそんなに高くないので、そんな優秀な人材を日本より安い賃金で雇えます。

もしみなさんが会社の経営者で、自分の会社のコールセンターを作ろうと思ったら、中国と日本のどちらに作りますか？　働き者だし、給料は安いし、文句は言わないし、と思ったら、中国を選ぶかもしれませんね。

このように、今は世界的な競争が始まっているんです。今までは国内にしか頼めるところがなかったから日本でやっていたのが、みんな海外でやるようになっています。日本に工場を作ると給料は高いし、すぐに辞めてしまったりする。だったら海外に作ってしまおうということで、アジアで工場を作っているわけです。そうなると、みなさんの仕事は海外の人と比べてどうなのか？　という風に競争のやり方が変わっていきます。日本人の中で優秀なだけでは駄目で、世界的に優秀な人間にならないと、これからは生き残っていくことが難しくなるのです。

†楽天の社内公用語は英語

このようなグローバル化は日本の会社にいる社員にも大きな影響があります。

これまで日本の会社には、ほとんど日本人しかいませんでした。

私は以前銀行で仕事をしていましたが、当時社内に外国人はほんの数名しかいませんでした。もちろん、会社の会話はすべて日本語です。そのまま一〇年くらい銀行に勤めたあと、外資系の会社に転職しました。そこにいくと、英語でビジネスをやっています。メールでの連絡も、ぜんぶ英語です。日本人同士で会話をするときも、全員が日本人だったら日本語でやりますが、外国の人が一人でもいたら英語でやらなきゃいけません。

プロ野球でもお馴染みのネット企業の楽天は、社内の公用語を英語にしました。社内の資料もすべて日本語と英語の二つ作るそうです。英語ができないと仕事にならないから、英語のできない人は必死に勉強していると聞きました。

グローバル化ということで何が起きるかというと、英語の力が必要になります。英語の勉強は若いうちからやっておいたほうが良いと思います。

まとめ

・収入の高い仕事はリスク（不確実性）を取ることで得られる
・仕事は、収入、好き、社会のため、の三つから考える
・仕事の収入は感謝の印である
・ビジネスや勉強の成果は才能や運より、努力によって決まる
・人気のある仕事より「自分の好き」を活かせる仕事を見つける
・仕事は一〇年二〇年先まで考えたキャリアデザインから決めていく

第２章
一生にいくらお金は必要か？
――お金を知る

†K-POPはなぜ日本に進出するか

それでは二回目の講義をはじめたいと思います。前回は仕事とお金の話でしたが、今回はそこからお金の話をしたいと思います。

みなさんは、韓国のK-POPは好きですか？　KARA、少女時代、東方神起《とうほうしんき》など人気グループがたくさんありますね。最近、K-POPのアーティストが日本にどんどんきています。なぜ、彼らは日本にやってくるのでしょうか？

韓国の人口は、日本の約三分の一くらいしかいません。では音楽業界の市場規模は何分の一くらいだと思います？　三〇分の一しかなく、すごく小さいんです。ですから、韓国だけで活動をしていてもCDやコンサートでは儲かりません。それで、どんどん日本に出稼ぎに来ているというわけです。

日本のアーティストにも全米デビューを目指して、アメリカに行った人たちがいます。もっとも成功したのは、実はPUFFYです。PUFFYのアニメが出てきて、それをアメリカの子どもたちが観て、とても人気になりました。

日本のミュージシャンもアメリカに進出していますが、なかなかうまくいかない。なぜかというと、言葉の壁があるからです。向こうのテレビ番組に出て、トークをこなし、英語で歌って観客を感動させられなければ人気は出ません。

そう考えると、K－POPのアーティストが日本で成功しているのは、同じアジアで文化が似ているという面はあるとしてもすごいことだと思いませんか？　韓国のアーティストたちは、日本語を必死に勉強して日本のバラエティー番組に出たりして、人気を得ています。売れるようになるために、頑張って努力をしているんです。

†日本円が一番お金を稼げるワケ

海外のアーティストが日本にやってきている理由はもう一つあります。

それは**為替**《かわせ》です。

為替ときいてみなさんは、ピンとくるでしょうか？

為替とは、簡単にいうと「現金を使わずにお金をやり取りする仕組み」のことです。ドルや円、ユーロなど、色々な通貨を交換することも為替の一つです。

では、その為替について考えてみましょう。

円高と円安、聞いたことあると思いますが、今はどちらか知っていますか？

円高です。テレビのニュースで良く見ます。

そうです、円高ですね。

円高とはどういう状態かというと、円が高くなっている――、つまり「円の価値が上がっている」状態です。日本のお金がほかのお金よりも価値が高くなっているから、ドルやユーロなどのお金でもらうよりも、円でもらえたほうがみんな嬉しいんです。つまり、「日本円で稼げば一番お金が稼げる」状態なので、日本は海外アーティストにとってはとても魅力的なマーケットというわけです。

韓国からだけではなく、ジョニー・デップ、トム・クルーズといったハリウッド・スターもどんどん日本に来ています。映画だけではなく、ロック、オペラ、クラシック、みんな日本に来ます。日本にはそういう文化にお金を払う人がまだたくさんいて、コンサートを開けばチケットが売れるので、やって来るんです。

そして円高なので海外アーティストから見れば、ドルやユーロやウォンでもらうよりたくさんのお金を稼げるようになっているということです。

図表8　ルイ・ヴィトンとティファニー、どこで買うのがお得？

　ではこの為替に関して、ワーク1で考えてみましょう。図表8を見てください。ブランド品がありますね。この左側はルイ・ヴィトンのバッグ。右側はティファニーのアクセサリーです。ティファニーを知っていますか？　アメリカの有名なブランドで、ティファニーのオープンハートは大学生のクリスマスプレゼントの定番です。一二月上旬にティファニーのお店に行くと、男性がプレゼント用に買うために殺到している。そんな大人気の商品です。

　このティファニーを例にしたワーク1をやってみてください。

ワーク1 ブランド品はどうやって手に入れる？

ティファニーのオープンハートペンダント（Mサイズ）は、アメリカでは一五〇ドルで売っています。日本では一万五〇〇〇円でした。①と②のとき、どちらで買ったほうがよいでしょうか？

①一ドル＝八〇円のとき

②一ドル＝一五〇円のとき

日本と海外、どっちで買うのが得か？

ニューヨークにティファニーの本店があります。ティファニーのオープンハートは、その本店では一五〇ドルくらいで売っていて、日本の店では、それを輸入して円で値段をつ

ニューヨーク－東京の比較

	ニューヨーク	東京
1ドル＝80円	150ドル	1万2000円
1ドル＝150円	150ドル	2万2500円

パリー東京の比較

	パリ	東京
1ユーロ＝110円	2000ユーロ	22万円
1ユーロ＝200円	2000ユーロ	40万円

＊ニューヨーク／パリの価格は同じでも、円安で東京の価格が上昇する

図表9　為替を知ると価格もわかる

けて売っています。アメリカと日本、どちらの店で買ったほうが良いでしょうか？

今は一ドル＝八〇円くらいなので、為替や関税など色々な手数料を除いて単純に考えると、日本では一万二〇〇〇円で買うことができる計算になります。でも、これに手数料が入って国内で一万五〇〇〇円で売られているとしたら、アメリカで買ったほうが得ですよね。

では、円安になったら、この値段はどうなるでしょうか？

②は一ドル＝一五〇円になった場合を想定していますが、その時は一五〇ドルのオープンハートは単純計算では日本で二万二五〇〇円になってしまいます。円安になると、円の価値が下がるわけですから、同じ一五〇ドルのものを買うのに、たくさんの円が必要になるのです。したがって、もし日本で一万五〇〇〇円のままだとしたら、このままアメリカで一五〇ドル払うより日本で一万五〇〇〇円払った方がトクになりますね。

このように為替レートの変動によって、円で買う場合とドルで買う場合に必要なお金が変わり、どちらで買った方が有利かも変化するのです。仮に日本でもアメリカでも価格が固定されているなら、円高の時はアメリカでドルにして買った方が良いし、円安の時は日本で円で払った方が良いということになります。

でも実際には、そんな損得が発生しないように日本で販売する時の値段は為替レートの変動に伴って調整されることになります。一五〇ドルのオープンハートが、一ドル＝八〇円の時は一万二〇〇〇円で、一ドル＝一〇〇円の時は一万五〇〇〇円、一ドル＝一五〇円の時は二万二五〇〇円で売っていれば、日本とアメリカどちらで買っても損得がなくなります。

ここまで厳密ではありませんが、ブランド品の価格は為替レートと共に変動しているのです。

今度はルイ・ヴィトンのバッグで同じように考えてみます。

パリにあるルイ・ヴィトンの本店に行くと、日本人のスタッフがいて日本語で話しかけてきます。日本人の観光客はルイ・ヴィトンのバッグを次々と買っていきます。

EU（欧州連合）で使われているユーロは現状一ユーロ＝一一〇円くらいなので、パリで二〇〇〇ユーロで売っているバッグを日本で売る場合、単純計算で二二万円ということになります。ですから、もし日本で二二万円よりも安く、たとえば二〇万円で売っていたとしたら、日本で買ったほうがトクということです。

では、もし日本では二五万円で売っていたらどうします？　飛行機代はかかりますが、パリに行くことがあったら、日本で買わないでパリで二〇〇〇ユーロを払って買ったほうが安いということになるわけです。

今は一ユーロ＝約一一〇円ですけれども、もし一ユーロ＝二〇〇円になってしまったら、このバッグはいくらになるでしょう？　二〇〇〇ユーロですから日本円で四〇万円ですね。今まで二二万円で買えたバッグが急に四〇万円になってしまう。ではもし、一ユーロが三〇〇円になったらいくらですか？　六〇万円です。このような状態が円安です。

日本で六〇万円になっているときも、パリでは値段は変わりません。二〇〇〇ユーロのままです。つまり、フランス人が見たら値段は二〇〇〇ユーロで変わらない。それなのに、日本人は今まで二〇万円くらいで買えたのに「あれ？　四〇万円になっちゃった」「あれ？　六〇万円になっちゃった」ということになる。そう考えると円安は怖いと思いませんか？

物の値段が変わらなくても為替レートが円高になったり円安になったりすることで、みなさんの円で払う金額が上がったり下がったりする。輸入品を買う場合には為替レートが重要になって来るわけです。

ブランド品以外にも海外から輸入しているものに、たとえば食料品があります。バナナはフィリピンや台湾から輸入しているでしょうし、野菜は中国から輸入したりしています。牛肉もオージービーフとしてオーストラリアから輸入しているものもあります。フランスのワインなどもそうですね。他にも、原油や鉄鉱のような原材料も輸入しています。

こういったものは、ブランド品と同じで円高になると安く買えます。円安になると高くなってしまいます。ということは、みなさんの生活は、今は円高だから輸入品が安く買える。そういう意味では、日本人は豊かです。しかし、逆に円安にどんどんなっていったりすると、今買えるものが将来買えなくなってしまう可能性もあるので、将来そうなってしまうと大変だという話なんです。

†円高、円安どちらが良い？

円高と円安、どちらが良いと思いますか？

これまでの話を考えると円高ですよね。円の価値が上がるということは、みなさんの持っているお金の価値が上がっていくからです。

ただ、円高になると良くないこともあります。輸入品は安くなりますが、日本から輸出する物の値段が逆に高くなってしまうということです。ソニーとかキヤノンとか、海外に商品を売って儲けている輸出企業は、日本で作って売っている物の値段がどんどん上がっていってしまいます。円高になると、日本の物が売れなくなってしまって、経営が苦しくなってしまいます。

そうすると、日本で生産するのが割高になるので、工場を海外に移転させてしまったりする。日本の工場で働いていた人たちの仕事がなくなってしまい、国内の失業者が増えてしまいます。

みなさんの生活と同じように、会社の経営も円高になったり円安になったりすることで、影響を受けるということです。

みなさんが持っているお金は、円高になったほうが円安になったときよりも、お金の価値が上がっていく。その面だけで単純に考えてはいけないのです。為替は経済に様々な影響をもたらすものだということです。

†震災と円高

為替に関しての最後の話は、震災と円高についてです。ご存じのように二〇一一年三月一一日に東日本大震災が発生しました。東北地方を中心に大きな被害が発生し、原発の事故もあって日本国内は大混乱しました。日本が危機に陥《おちい》ったのですから、円を持っている投資家は、持っている円を売りたいと思うはずです。日本でのリスクから資産を守るためにです。

ところが、震災後は日経平均という日本の株価の指数は値下がりしましたが、為替市場では、円安ではなく円高になったのです。一ドル＝八〇円台だったドル円の為替レートは一時、一ドル＝七六・二五円までの円高になりました。

日本が危険な状態になって株は暴落したのに為替の世界では円が買われた。なんだか不思議な話だと思いませんか？　なぜこのような為替の動きが起こったのでしょうか？　こ

図表10　2011年3月～8月の為替レートの推移

れを説明しましょう。

為替の世界に限らず投資の世界というのは、必ず買い手と売り手がいて、その両者が合意したところで取引が成立します。株式が下落したというのは、買いたい人の数が減って、売りたい人の数が増えたから、売りたい人と買いたい人が以前より安い価格で取引をするようになったからです。為替も同じようにドルを買って円を売りたい人と、ドルを売って円を買いたい人の数が変化することで円高になったり円安になったりします。

では、なぜ今回の震災後に円高になったのか？　簡単に言えば、円を売ってドルを買う人より、ドルを売って円を買う人の方が多かったから、ということです。ドルを売って円を買う人とはどういう人なのでしょうか？　実は、それまで円を売ってドルを買っていた人が、逆の取引を一斉に行ったので、円を買う人が増えて円高になったのです。

円を売ってドルを買うとどうなるかというと、円の金利を支払って、ドルの金利を受け取ることができるようになります。金利とは、お金を借りた人が貸した人に払うものです。日本は超低金利が続いていますから、円の金利といっても大したことはありません。つまり円を売ってドルやユーロといった外貨を買うと、外貨の金利を受け取れるのに、支払う円の金利はほとんどゼロなので、金利差で儲けることができるのです。

投資で儲けようと思っている人は、この金利差に注目して、そんな円売りドル買いの取引をどんどんやっていきました。取引をしてから、そのままにしておけば毎日金利差で儲けることができるわけですが、円高になれば為替で損をしてしまうリスクもあります。

そのような取引が続いている時に大震災が起こってしまい、金利差で稼いでいた人達が慌てて取引をやめようとした。つまり、今まで持っていたドルを売って、今まで売っていた円を買い戻す取引をはじめた。それがパニック的な円買いにつながって急激に円高が進んだというわけです。

ある国で地震のような災害などが発生すると、一般的には、その国の通貨は敬遠されて売られることになります。ところが、今回の震災のケースでは、元々あった取引の影響で、逆に円が買われることになってしまったのです。

このように投資の世界というのは、複雑な要因によって常に変動しており、日本が混乱したから円が売られるというような単純な話になるとは限らないのです。

†「物の値段の決まり方」を知ろう

為替の話の次は、物の値段について考えてみます。

吉野家の牛丼を知っていますよね？　有名な牛丼チェーン店ですが、時々期間限定で牛丼五〇円引きとか一〇〇円引きとかをしていますよね。

では吉野家の二〇年前の牛丼の値段はいくらだったでしょう。調べてみると牛丼の価格は上がったり下がったり変動していることがわかります（図表11）。

たとえば一九九〇年に、吉野家は並盛りを三五〇円から四〇〇円に値上げしました。そのあと、ライバル各社が値下げ競争を始めて四〇〇円の牛丼を二〇〇円台に値下げしてきたこともあります。それからずっと二〇〇円台での競争が続いて、吉野家も期間限定で値下げ競争をしていたこともあります。そして今でも牛丼の並盛りの価格は三八〇円です。

ということは、二〇年前と今とでは、牛丼の値段は少し下がって、昔より安く食べられる

1990年	350円→400円	↑	［吉野家］
2000年７月	400円→290円	↓	［神戸らんぷ亭］＊持ち帰りのみ
９月	390円→290円	↓	［松屋］
2001年３月	400円→280円	↓	［すき屋］
	400円→250円	↓	［吉野家］＊期間限定
	290円→270円	↓	［神戸らんぷ亭］
	400円→280円	↓	［なか卯］
2002年２月	270円→280円	↑	［神戸らんぷ亭］
2004年２月	BSEの影響により牛丼販売が一時休止。低価格戦争も終了する		

図表11　牛丼価格（並盛）の変遷

ということです。

物価という言葉を聞いたことはありますか？

簡単に言うと、物の値段です。牛丼のように、物価が下がる場合もありますし、逆に上がる場合もあります。物価が上がることを「**インフレ**」といいます。その逆に、物価が下がることを「**デフレ**」といいます。正確にはインフレーション、デフレーションというのですがその略語です。

ではインフレやデフレになると生活はどう変わるか？　牛丼の例で考えてみましょう。

たとえば、今は吉野家の牛丼は一杯三八〇円で食べれます。ところが、もしインフレになると、牛丼が一杯六〇〇円とか七〇〇円になってしまうかもしれない。インフレになるとお金の価値が減ってしまうことになります。だから、インフレになりそうだと思うと、みんなお金を持っているよりも早く使ったほうが良いと思うようになります。今食べれば四〇〇円で済むのに、来年は六〇〇円だと言われたら、今牛丼を食べるほうが得だからです。インフレのときは、お金を使わないでいるとどんどん価値が落ちていってしまう。同じ金額で買えるものが減っていってしまう。

ところが、デフレのときは、二〇年前に四〇〇円だった牛丼が、たとえば今は三〇〇円で食べられるといった状態です。二〇年前に食べないで四〇〇円をずっと持っていれば、今三〇〇円で牛丼を食べて、まだ一〇〇円お釣りがくるということですから、デフレのときはお金を使わないでいると価値がどんどん上がっていくということです。

†デフレとインフレの謎を解く

牛丼に限らず、日本では物の値段が上がらず、むしろ緩やかに下落する状態が二〇年近く続いています。金利がゼロでもお金を持っているだけで、価値が上がってモノがたくさん買えるようになってしまう。これは、お金を持っている人にとっては、すごく良い状態なのです。

ジンバブエという国を知っていますか？　アフリカにある国ですが、この国のお札には、ゼロがたくさんついています。何個ついているか数えてみてください（図表12）。このお札は一〇〇兆ジンバブエドル札です。なぜそんなにたくさんお札にゼロがついているのでしょうか？

実はジンバブエでは、ひどいインフレが進んだのです。インフレとは、お金の価値がどんどん下がって、物の値段がどんどん上がっていく状態です。たとえば、昨日まで一二〇円だった缶コーヒーが、今日は五〇〇円になり、明日は一〇〇〇円、明後日は二〇〇〇円になったら、みなさんはどうします？　早く缶コーヒーを買ったほうが良いと思いますよね。今買っておかないと、どんどん値段が上がってしまい、そのうち一万円でも買えなくなってしまう。もし日本でそんなインフレになってしまったら、きっと一億円札とか、一〇〇億円札とか、一〇〇億円札を作らないと、お金で何も買えなくなってしまう状態になってしまいます。

ジンバブエでは、インフレに対応して一〇〇兆ドル札というのを作ったんです。ではこの一〇〇兆ドル札で何が買えたでしょう？

二〇〇九年にこの一〇〇兆ジンバブエドル札ができたときには八〇〇〇円くらいの価値がありました。そのわずか一五日後、二月二日には、なんと三三円の価値になってしまっ

図表12　100兆ジンバブエドル札

たそうです。これでコーヒー一杯も飲めなくなってしまったんです。

つまり、ジンバブエではお金の価値がどんどん下がって、物の値段がどんどん上がっていったのです。そうなったらこんなお金には価値がありませんから誰も受け取りません。持っているだけでどんどん価値が落ちてしまうんですから。これでは日常生活は混乱して経済はもう滅茶苦茶です。

ジンバブエで受け取ってもらえるのはアメリカドルです。ジンバブエドルは価値がどんどん落ちていってしまうけど、アメリカドルはそこまで下落しないからです。そのため、お金をやり取りするときには「アメリカのドルでお願いします」ということになってしまいました。

日本で一万円札を払って買い物をするときに、「そのお金は受け取れません」と言うお店はどこにもありません。どの店でも喜んで受け取ります。なぜかというと、その一万円をまた次の日にどこかに持って行ったら、また一万円の価値の物と交換できるからです。だけど、もし一万円が明日になったら一〇〇〇円の価値しかなくなるとしたら、誰も一万円札を受け取らなくなりますよね。「日本円ではなくて違うお金にしてください」、「物々交換にしてください」とか、そういう風になってしまいます。

†お金は「信用」で動いている

では、日本がなぜジンバブエのようにならないか。みんなが「一万円には一万円の価値がある」と信用しているからです。

一万円札には、本当は一万円の価値はありません。元をただせば、ただの紙です。それなのに、なぜみんな、ただの紙にすぎない一万円に価値を見出すのでしょうか？

それは、日本国内のどこに行っても、この一万円をみんな喜んで受け取ってくれるという信用があるからです。これが「明日から通用しなくなるかもしれない」とか、「明日からただの紙くずになるかもしれない」と思ったら誰も受け取らないですよね。明日も明後日も一年後も、ずっとこの一万円札には価値があると思うから、そして実際にそれを交換できるから、みんな喜んで受け取ります。これは、「お金に信用がある」ということです。

ジンバブエのお金は、信用がまったくなくなってしまったんですね。だから誰も受け取らなくなってしまった。ジンバブエのように、お金の信用がなくなってしまうと、インフレの中でもさらにひどいハイパーインフレーションという最悪の状態になってしまうんです。

日本は、インフレどころかデフレになっていますから、お金を持っていれば持っているだけ価値が上がっていく状態です。つまり、使わないでお金を貯めこんでおけば得をする。

この章の最初で為替の話をしましたが、日本では円高で円の価値が上がって、さらにデフレで物の値段も下がっているわけですから、日本円を持っているとどんどん価値が上がっていくことになります。持っているだけで何もしなくてもいい。むしろ、使わない方が得をしてしまう。

もちろん、デフレにもマイナス面があります。手元にお金を置いておく人が増え、「お金が回らない」、「消費が冷え込む」という問題があります。デフレのメリットとは飽くまで、お金の価値が上昇するという一面だけを取り上げたものです。デフレだから経済状態が健全だということではないのです。

貯金と投資、どちらが良い？

日本ではデフレから脱却するために金利を低くして景気回復のきっかけにしようとしています。そのため、円の金利は他の通貨に比べて低くなっていて、それに伴い円の預金の金利も低金利が続いています。銀行に定期預金などでお金を預けていてもほとんど金利がつかない状態になっています。お金が増えないと将来不安だと投資をはじめる人もいます。株式投資で年間一〇％、二〇％とお金を増やしている人もいます。逆に投資で失敗してお金が減ってしまった人もいます。

では、次の（ワーク2）をやってみてください。

ワーク2　預金と投資、どっちがいい？

みなさんが一〇〇万円を持っているとします。①は、一年の金利が〇・一%の定期預金に預けるとします。一年後金利はいくらもらえるでしょうか。②は、株式投資で、うまくいけば株が一〇%値上がりする会社を教えてもらいました。その会社の株を買いますか？　買う／買わないと、それはどうしてかを考えてください。

では、聞いてみましょう。

〇・一%の定期預金だと金利はいくらもらえるでしょうか。

一〇〇〇円です。

その通り。一〇〇万円掛ける〇・一％で一〇〇〇円ですね。

これは一年間預けた時の金利ですが、半年だと半分の五〇〇円ですね。二年間預けたら二〇〇〇円です。一〇〇万円を一年間預けておいても、たったの一〇〇〇円しかもらえないんです。しかも、二〇％は税金で取られてしまうので、手元に残るのは一年間で八〇〇円しかありません。日本は金利が低く、預金をしてもお金がほとんど増えないのです。

でも、先ほどから説明しているように、金利が低くても困りません。日本は物価が上がらないデフレが続いていたからです。一〇〇万円の価値が物価の下落で上がっていくから、金利が付かなくても良いですよね。金利も低いけれども物価も上がらない。それが今の日本の経済の状態なんです。

ではもう一つの②のほうはどうでしょうか。投資しますか？　しませんか？

投資しません。だって、うまくいかないかもしれないからです。うまく投資できる自信もないし。

うまくいかないかもしれないから？　では、投資したい人はなぜでしょう。

お金が増えるなら投資したほうが良いかな、って。でも具体的に何に投資するか、その方法はわかりませんが……。

たとえば株式投資で一〇%値上がりすると言われている会社に投資したら、その後、本当に一〇%値上がりするでしょうか。これはわかりません。絶対に上がるということはないんです。

ですから、このお金が減ってもいいと思うのであれば、やってみるのもいいでしょう。一〇〇万円投資して八〇万円、七〇万円になってしまうかもしれない。でも、もしかしたら、一一〇万円、一五〇万円と増えるかもしれない。そういうお金であれば投資してもいいと思いますが、減ってしまったら困るお金は株式投資に向かないお金です。うまくいけば一〇%値上がりする会社というのは、うまくいかないと一〇%下がることもあるのです。絶対に一〇%儲かるという話はないんです。

確実にお金を増やしたいのであれば、定期預金という方法しかありません。それよりもお金をもっと増やしたいと思うなら、失敗するリスクはあるかもしれませんが、株式投資のような投資をしてお金を増やしていくことになります。

とにかく、リスクがないのに確実にお金が増える、というような話には絶対に乗らないようにしてください。金融の世界にはそんな都合の良い話は存在しませんし、もしあったとしても向こうから勧誘してくることはないはずですから。

これは、第1章で出てきた仕事の話と同じです。EXILEがAKB48より収入が多いのはリスクを取っているから、という話をしました。仕事もリスクを取らないとリターンが得られない。投資もそれと同じです。

問題はどんなリスクをどのくらい取るのかです。仕事でよく考えもしないでやみくもにリスクを取ってもうまくいかないのと同様、投資もやり方を間違えると失敗してしまいます。

†「お金の方程式」とは何か

では投資も含めて、これからみなさんがどうやったらお金を増やすことができるかを考えてみましょう。

お金を増やすための方法は、「**収入を増やす**」、「**支出を減らす**」、「**運用して増やす**」、この三つしかありません。

その中で、一つめの「収入を増やす」というのは第1章でやりました。要するに、仕事をしてお金を稼いで収入を増やしましょう、ということです。自分で働き、自分で稼ぐ。一生懸命働いて、良い仕事をすれば、そのぶんお金がどんどん入ってきます。世の中の人に喜ばれれば、それだけ収入を増やすことができます。みんなに幸せなことを届ければ、それだけお金を増やすことができます。これが収入を増やすことです。

それから二つめの方法は「支出を減らす」です。家に帰るとお母さんが言いませんか？「テレビの電気を消しなさい」とか「ガス代がもったいないから、お風呂に早く入って」とか。なぜお母さんは電気を消しなさいと言うのか。節約して、支出を減らしたいからです。支出が減れば減るだけ、お金が手元に残ります。今まで電気代が一〇〇〇円だったのが八〇〇円になれば、二〇〇円が増えるわけです。ですから節約をするとか、無駄なお金を出さないでお金を増やすというのが二つめです。

そして三つめの「運用して増やす」は、株式投資や預金のような資産を使って投資する方法です。預金ではたいして増えませんけれども、それでも金利が〇・一％でも元本《がんぽん》は増えていきます。投資になると元本が減ってしまうこともありますが、うまくいけば預金よりもリターンはずっと高くなります。この運用というのは、仕事のように自分が働くわけではありません。では誰が働くんでしょう？　それは自分ではなくて、お金が働くんです。

†自分ではなく、お金に働いてもらうには？

お金を増やす三つの方法のうち一つめと二つめはわかりますね。稼げばたくさん収入があるとか、節約した方がお金貯まるんだなとか、誰でもそう考えます。なるべく生活費を削って、節約して、貯金しようと思う人がいるかもしれません。

実は多くの日本人が気づかないのが三つめです。お金に働いてもらうということにあまり関心がないのです。

たとえば、一〇〇万円が手元にあるとします。この一〇〇万円を財布の中に入れておいたら一〇〇万円のままです。しかし、預金すれば、金利が〇・一％だったら、一年経つとお金が八〇〇円を稼いでくるんです。勝手に増えるんです。あるいは株式投資をしたら、もしかすると二〇〇万円になるかもしれない。でも、五〇万円になってしまうかもしれない。これがお金が自分で稼いでくれるということですね。

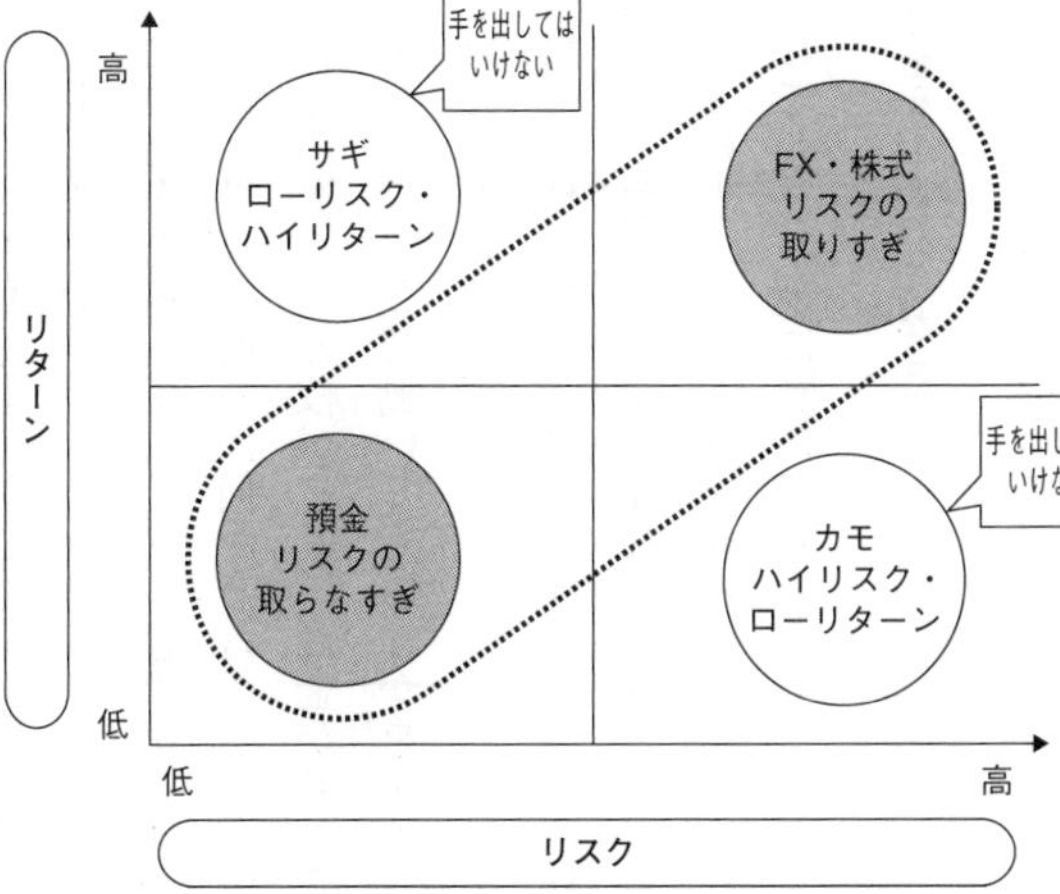

図表13　リスクとリターンの関係

実は、仕事も投資と似たところがあります。たとえば芸能人であれば、人気が出て仕事がうまくいけば、EXILEのように成功するかもしれない。でも、うまくいかなかったら売れない芸能人のまま終わってしまうかもしれない。もし公務員、たとえば警察官の仕事だったら、年収が数億円になることはないとしても、真面目に働けばリストラされることもなく、安定した収入を得ることができるかもしれない。働く場合も、運用と同じで確実性が高くてあまりリスクのない働き方もあれば、すごくリスクのある浮き沈みの激しい働き方もあるのです。お金に働いてもらうことを考えるときも、安全でその代わり低金利の方法もあるし、逆にうまくいけば資産が何倍にも増えるような、でも失敗すると元本がなくなってしまうような危険な投資法もあります。何に投資をするか、どこにお金を置いておくか、色々な方法があり、それは仕事と一緒なんです。

仕事と投資の違いは何かと言うと、「働く人が誰なのか?」ということです。

自分が働くのと較べると、お金が働いてくれたほうが楽のように思うかもしれません。でもお金にどこで働いてもらうかを決めるのは自分です。お金が勝手に投資先を決めることはないからです。

自分が持っている資産が勝手にお金を稼ぐ。そうすると、自分は座っているだけで毎月お金が、色々な金融商品などを使ってどんどん入ってくる。そんな方法は何だかとても良いように思うかもしれませんが、思うようには資産は増えません。自分で仕事をして働くにしても、お金に働いてもらうにしても、楽をして儲かる方法なんてないのです。

†借金をするとどうなるか?

ここまで「どうやってお金を増やすか?」という話をしてきました。今度は逆に「お金を借りること」を考えてみましょう。平たくいうと借金です。借金をするとどうなるか?

これを考えていきましょう。

たとえば、住宅ローンというのがありますよね。銀行からお金を借りて家を買う、長期のローンです。住宅ローンで家を買う人は多いですが、どのくらい借りるかというと、一〇〇〇万円とか二〇〇〇万円とか、かなり大きな金額を借りることが多いのです。

では、たとえば返済期間三五年のローンで一〇〇〇万円を借りたとします。ローンの返済を毎月すると、三五年間ずっと払った場合のトータルの支払い金額は、いくらになるでしょうか?

単純に計算すると、借りたお金は一〇〇〇万円ですが、返していくのは毎月少しずつになります。ですから金利がどんどん付いていきます。たとえば二%の金利で借りたとすると、返済の総額はだいたい一三九一万円。ということは、一〇〇〇万円を借りたのに、三五年かけて三九一万円の利子を払わなければいけないということです。四割も多く返済しなければならないというのは結構大きいですね。お金を預けるときには一〇〇〇万円を預けても一年で八〇〇〇円しかもらえないのに、お金を借りるときは一〇〇〇万円借りると三九一万円も余計に取られてしまう。

これが四%だと一八五九万円。一〇〇〇万円しか借りていないのに、返済するお金は一八〇〇万円以上です。約二倍も返さなければいけない。では、六％ではどうですか？　今は六％まで金利はかからないと思いますけれども、計算すると二三九四万円です。実際にはこれを毎月の月割りにするのですが、同じ金額をずっと払っているわけです。三五年間ですから、四〇〇〇回くらい払います。三五年間かけて少しずつ返していくから金利も大きくなってしまうのです。

†お金を借りると、預けた額の一五〇倍の金利がかかる！

これを見ると借金の返済というのはすごく大変なことがわかります。住宅ローンを借りてはいけないということではありません。借金しないで家を買える人はほとんどいませんから、住宅ローンがなければマイホームを持てません。ただ、住宅ローンで気をつけなければいけないのは借りているのが一〇〇〇万円だとしても、実際に返すお金はその何割も多くの金額だということです。もし金利が上がれば、返済する金額もさらに多くなっていきます。

もしみなさんのお父さんとかお母さんがご自宅の住宅ローンを返しているという人は、「お父さんお母さんは大変なんだな、一生懸命返してくれているんだな」と感謝しなければいけません。

住宅を買う時の住宅ローン以外の借金で使っている人が多いのは、カードのリボ払いというものです。高校生のみなさんは、まだクレジットカードは持っていませんよね。大学生になったり社会人になったりしてクレジットカードを使うようになると、リボ払いというのが使えるようになります。テレビで「リボにしますか?」とかやっていますよね。

たとえば、三〇万円のものを買うとします。七三ページの為替の話で出てきたルイ・ヴィトンのバッグのような高額商品です。今三〇万円は持っていません。でも「リボ払いで買えば大丈夫です。リボ払いだったら毎月一万円で買えます」と店員さんに言われることがあります。毎月一万円のリボ払いの契約をするだけで、その場で三〇万円の商品が手に入ってしまうんです。

最初に一万円だけ払えば、先に商品が手に入る。そんな説明を聞くと、「これは便利だ」と思うかもしれません。しかし、リボ払いの金利は、カード会社によって異なりますが、今は大体一五%くらいです。預金の金利は約〇・一%でしたよね。なんと、預金の金利の一五〇倍です。お金を預けるときよりも、お金を借りるときのほうが金利が高いのですが、こんなに差があることに、みんな気がつきません。

この三〇万円を毎月一万円のリボ払いにして、一五%の金利で返していった場合に、いくら返すことになるでしょう。約三八万円です。先ほどの住宅ローンに似ていますね。三〇万円の買い物をしたつもりなのに、結局は三八万円を払っていることになる。でも、毎月一万円ずつ払っているから気がつかない。

では、この一万円のうち、元本はいくらでしょうか。たとえば最初に払った一万円のうち、約三七五〇円は利息なんです。ですから、実際には六二〇〇円しか元本は返済していない。残りは全部利息です。支払いのうちの利息の比率が大きいから、払っても、払っても、なかなか元本は減らない。結局は三〇万円で買うよりも八万円も高く買ってしまっていることになります。もったいない話です。

私はリボ払いは使うべきではないと思います。これからみなさんは、もし「リボ払いでどうですか?」、「すぐ買えますよ」と言われても、「ちょっと待てよ、そういえばリボ払いにすると、どれくらい金利がかかるだろう」と考えてください。借金しすぎて返済できなくなって破産してしまう人も世の中にはいるのです。

†これからずっと円高、低金利、デフレが続くのか?

ここで今までの話をちょっとまとめて振り返ってみましょう。

まず最初に円高と円安という話をしました。円高が良いんですか？　円安が良いんですか？　仕事によっては円高が良い場合と円安が良い場合がありますが、みなさんが持っているお金は円高になったほうが価値が上がるというのが一つです。

それから二つめは、金利の話をしました。今は金利がすごく低い。それでどういうことが起きるかというと、お金を貯金しても全然増えません。ただ、インフレではなく今はデフレなので、物価も上がりません。むしろ日本では今は物価が下がり気味ですから、あまり困らないんです。ですから、今の日本は、ざっくりいうと円高で低金利でデフレなんです。世界的には珍しい状態がずっと続いてきたことを知っておいてください。

では、この状態は変わらないでしょうか？　これからみなさんが三〇代、四〇代、五〇代になっても、ずっと円高、低金利、デフレでしょうか？　私はいつか変わる可能性が高いと思います。もしインフレになったり、高金利になったり、円安になったりしたらどうしたらいいでしょう？　そうなったときのために、準備をしておかないといけません。準備をするためには、お金の仕組みについての勉強をしなければいけないんです。そうしないと、みなさんの資産は減ってしまったり、知らない間になくなってしまいます。

仕事でも、勉強しないとなかなか成長しないのと同じように、お金に関しても、どうやって自分のお金をうまく使うかということを考えていかないと、せっかく貯めたお金がすぐになくなってしまったり、せっかく増えたのにすごく損をしてしまったりということになってしまいます。

では、お金はどうやって増やせるのか？

これは第3章で詳しくお話ししますが、お金を増やしていくためには、お金に働いてもらう方法を勉強することがすごく大事になってきます。

収入を増やす、支出を減らす、運用して増やす。お金に関する勉強をして三つの方法をバランス良く組み合わせるのは難しいことではありません。

最後に、借金の話をしました。お金を借りると金利がすごくかかります。住宅ローンとかリボ払いとか色々ありますけれども、借金をすると、金利を払わないといけません。逆に自分でお金を持っていたら金利をもらえます。どちらが良いかというと、なるべくお金は借りないに越したことはないというのが私の意見です。

†人の一生に、どれだけお金がかかるのか？――結婚、子育て、マイホーム

みなさんの人生にはこれから色々な出来事が待っています。結婚したり、家を買ったり、子どもを育てたり、旅行に行ったり、会社に入ったり、老後に備えたり、色々なことがありますね。そんな一生にかかるお金はいくらくらいなのでしょうか？

人生にかかるお金を調べてみましょう。

たとえば結婚するのであれば、結婚式にいくらかかるか？　新婚旅行にいくらかかるか？　新居を構えるのにいくらかかるか？

それを調べるのが ワーク3 です。

ワーク3　人生にかかるお金を調べる

結婚・マイホーム・子育て・老後――一生にどれくらいお金が必要か、考えてみてください。

では聞いてみましょう。まず結婚。さんは六〇〇万円ですね。これはなぜ六〇〇万円なんですか？　どのように考えましたか？

外国でやる場所代と、ウェディングドレスなどの洋服代と、食事代、招待状とか作るのを考えたら六〇〇万円くらいいっちゃうかな、と。

場所は、ハワイのような海外リゾートでやるわけですか？　六〇〇万円だと、結構いい場所ですね。

まず、結婚式をしなければ、結婚はまったくお金をかけなくてもできます。二人だけで婚姻《こんいん》届に署名すれば結婚はできるので、お金を全然使わなくてもできます。でも、一〇〇人くらい呼んで、いいホテルで行なうと五、六〇〇万円位はすぐにかかってしまいます。さらに、新しく家を借りたり、新婚旅行に行ったり、一番お金をかける人だと一〇〇〇万円位はいってしまうかもしれません。どういう結婚をしたいのかによってピンからキリまでありますよね。

では、次はマイホームです。さんは五〇〇〇万円ですね。五〇〇〇万円の根拠を教えてください。まずどこの家ですか？　五〇〇〇万円だったらどこにどんな家が買えるでしょう。

住むんだったら豪華なほうがいいかな。場所はどこでもいいけれども、大きい家も良いし、庭が広い所。

さんは二五〇〇万円と書いていますが、これはどういう家をイメージしたんですか？

茨城《いばらき》とかにある家とかだったらそれくらいかなって。東京とかの都会とかだったらもうちょっとすると思うけれども。

そうですね。これはまさに住む場所によって値段はぜんぜん違います。多分、東京だと五〇〇〇万円ではそれほど大きな家は買えないはずです。家がどれくらいするかが一番わ

かるのは、新聞に入っている不動産のチラシとかですね。ああいったものを見ると、だいたいこの辺りだとこれくらいというのがわかるので、見てみてください。

ただ、やはり日本で家を買うと、二〇〇〇万円から三〇〇〇万円くらいはかかってしまうのではないかと思います。さらに上を見れば、きりがないですね。二億や三億の家なんて東京ではいくらでも売ってますし、そういった家に住んでいる人もいますから。五〇〇〇万円は高いほうだと思いますけれども、これくらいがもしかしたら普通なのかなという感じがしますね。

マイホームは、「家を買う」という選択もありますし、「家賃を払って借りる」という選択もありえます。先ほどでましたが、マイホームを買うと住宅ローンを借りなければいけません。たとえば三〇〇〇万円で家を買っても、支払金額は四〇〇〇万円、五〇〇〇万円になってしまうわけです。

もちろん三〇〇〇万円を現金で一括で払える人はいいですけれども、そういう人はあまりいません。たいていは銀行からお金を借りて、毎月ローンで払っていくわけです。三〇〇〇万円の借金をして、毎月お金を払っていく。そうすると、三〇〇〇万円を返すだけでは駄目なんです。利息がかかってくるので、四〇〇〇万円とか、五〇〇〇万円とか、金利によって変わりますけれども、お金が余計にかかってきてしまうんです。ですから、とてもお金がかかるんです。

次が子育て。さんの一億円というのは、どういう子育てをするんでしょうか？

大学や幼稚園とかを全部引っくるめて、習い事とか、食費とか、修学旅行の積立金とか。色々まとめて合計で子育て一億円になりました。

全部足し算をしていくと一億円はかかる、と。さんは二〇〇〇万円。こちらはマイホームは大きいのに、子育ては小さいんですね。家にはお金をかけても子どもにはお金をかけないタイプですか？　この二〇〇〇万円は、どうやって使うんでしょう？

ずっと公立で、修学旅行とか、給食費とか、あとなんか行事とかを合わせたら二〇〇〇万円くらいじゃないかと。

なるほど。二〇歳まで育てるとしたら、二〇〇〇万円ということは、年間一〇〇万円ということですよね。学費とか入れたら子どもはそれくらいかかるかもしれません。一億円は少し高すぎる気がしますけど、私立の医学部などに入ったら何千万円とかかってしまいますし、子どもの頃から幼稚園以外にも色々な習いごとなどをすると、これくらいかかってしまう。

次は老後ですが、さんは一〇〇〇万円。老後は一〇〇〇万円で大丈夫ですか？

老後は使わないかな。で、何に使うのかがまずわからない。六五歳くらいになると食費もそんなにかからないだろうし。学校に行くわけじゃないから学費もいらないだろうし。

老後のときは、毎日何しているんでしょうね。お茶？ 毎日お茶飲んで、四方《よも》山《やま》話をして終わりですか。

田んぼを耕したりとか、野菜を作ったりして自給自足かな？

三六〇〇万円と書いたさんは、老後は何をするんですか？　老後は何歳からですか？

六五歳から月二〇万円位で、そこから一五年間生きるとして、そこから計算したら三六〇〇万円でした。

二〇万円×一二カ月で、年間二四〇万円。それが六五歳から八〇歳で一五年。なるほど、それで三六〇〇万円ですね。合理的な計算方法ですね。

こうやって、みなさんの意見を聞いてみると、まず老後には結構お金がかかることがわかると思います。高校生よりは食べる量は減るから食費はかからないとしても、もしかしたら病気になってしまうかもしれないし、老後も意外に色々お金がかかるのです。

†自分に合ったライフスタイルを考えよう

人生にかかる費用をみなさんに色々考えてもらったんですけれども、まず一つ言えることは、「人によって金額がまるで違う」ということです。

どういうライフスタイルにするか。たとえば、老後でも毎年海外旅行に行きたい人や、車に乗っている人は、やはりお金がかかります。でも、老後は家で静かに毎日のんびり過ごしているという人でしたら、もしかしたらあまりお金がかからないかもしれませんが、そうは言っても全然お金を使わないわけではないですよね。やはり買い物に行くこともあれば、食費もかかりますし、洋服を買ったりもします。孫がいればたまにはお小遣いをあげることもあるでしょう。

そうすると、老後をさんのように計算をするのも一つのやり方です。毎月どれくらいお金がかかるのか。それに、さらにあと何年かと計算してみます。先ほどは二〇万円で計算していたので、二〇万円で一五年間。だから八〇歳。六五歳で老後生活を始めても、三六〇〇万円あっても、八〇歳になったらお金がなくなってしまうわけです。では八一歳まで生きた場合にどうするのか。お金がなくなってしまいますね。ということは、もし二〇年生きるのだとしたら、四八〇〇万円要ります。でも平気で一〇〇歳まで生きている人もいますよね。一〇〇歳まで生きていたら、またどんどんお金を使わなくなってしまうかもしれません。老後も結構お金がかかるんです。

人生にかかるお金についてもう一つ言えることは、正確にいくらかかるかは誰にもわからないということです。だからといって考えないよりは、若いうちから考えておいた方が良い。これも覚えておいてください。

なお、老後になると年金というのが貰えます。ただしこれは、タダでは貰えません。若いうちから毎月払っておくと、年を取ってから逆に返してくれる仕組みです。人によって違いますが、月に八万円とか一〇万円とか、年金を貰えます。この年金プラス自分のお金で生活をしていかないといけないわけです。

そうしたら、もし毎月二〇万円生活費がかかる場合、年金が一〇万円だとしたら自分で一〇万円を用意しないと、お金が足りなくなってしまいます。年金だけで生活していると、だいたい一〇万円くらい足りないという人が多いです。

ですから、老後にはお金がかかる。そしてそれは自分が若いうちから準備をしておく必要があるということをよく理解して、きちんと準備しておく。計画的にお金を作っておく必要があるので、そのお金というのはどういう風に作れるのかということを考えておかなければなりません。

†お金の話は具体的に考えてみる

ワーク3 では人生のイベントにかかる色々なお金の計算をやりました。結婚、マイホーム、子育て。人生には色々なイベントややりたいことがあると思いますが、多くの人はお金が足りないからやりたいことを我慢したり諦めたりしています。

たとえば家を買いたいけれども頭金がない、旅行に行きたいけれども予算がない。本当は子どもに習い事をさせたいけれども、我慢させようとか。そんな風に生きていくうえで、お金がないことで色々なものを諦めなければならない。これはけっこう嫌なことです。そうならないためにお金の準備をしておく必要があることを学びました。

お金の知識を増やして、若いうちからきちんと計画しておくことで、結婚や子育てやマイホーム、老後などに自分が必要なお金を手に入れていくことができるようになる。それが、みなさんの人生をより明るくする。でも、そのためには準備が必要です。何にもしないで「お金だけください」と言っても貰えませんから。

お金の話は残念ながら学校ではなかなか教えてくれません。だから自分で勉強しないといけませんが、やり方を知っているのと知らないのでは、将来のお金に大きな差が出ることをぜひ知っておいてください。

まとめ

・円高とは円の価値が高まること。メリットもあるがデメリットもある
・インフレになって何もしないと、持っている資産の価値が減っていく
・将来のお金を増やすには、収入を増やす、支出を減らす、投資で増やす、の三つしかない
・仕事は自分が働くこと、投資はお金に働いてもらうこと
・借金で支払う金利は、貯金でもらえる金利よりずっと高い
・人生に必要なお金を考えるとライフスタイルによって変わることがわかる

第３章

株とギャンブルはどう違うのか？
——お金を増やす

†恋愛で絶対にやってはいけない二つのこと

みなさんこんにちは。今回の講義は前回少し話をした投資について、もう少しくわしくお話ししたいと思います。

といっても、みなさんにいきなり投資と言っても、やったことがある人はいないでしょうからピンとこないと思います。そこでいつものようにまず別の話からはじめていきましょう。

みなさんは今恋愛をしていますか？

たとえば好きな人がいて、どうすればその人を自分に振り向かせることができるのか？この方法を考えてみたいと思います。

そのためには、自分の好きな人に好きになってもらわなければなりません。向こうに「気持ち悪い」と思われては困る。では、相手にうまく自分を好きになってもらうためにはどうしたらいいでしょうか。

まずは、「相手のことを知る」ことが大事です。相手が何を求めているのか。あるいは、どういう人が好きなのか。たとえば、こういう洋服を着ている人が好きとか、こういう性格の人が好きとか、こういう趣味の人が好きと言われたら、相手の好みに合わせていくことができます。

もう一つは、「ライバルを知る」ことです。自分の競争相手になっている人がいるとしたら、どうすればその人ではなく自分に振り向いてもらえるのでしょうか。その人よりも、相手から魅力的な人間だと思われるためにはどうしたら良いかを考えなければなりません。そうすると、何も考えずガンガン攻めていくだけではなく、戦略を立てて恋愛を考えていくことが大切になるのではないでしょうか。

実は、恋愛でやってはいけないこと、というものがあります。これをやると大変なことになってしまう。

一つは、「二股をかけてはいけない」。当たり前ですね。同時に二人の人とお付き合いする。そんなことはやってはいけません。あとでとても後悔することになります。もう一つは「深追い」です。嫌われているのにどんどん追いかけてしまう。そんなことをすると、逆に嫌われてしまいます。避けられているからといって、「私のこと、なんで嫌いなの？」

と寄っていけば、ますます相手から迷惑がられて嫌われてしまいます。

恋愛の話は、投資とまったく関係ないように思うかもしれませんが、実はあとから関係してきます。覚えておいてください。

「72の法則」で将来のお金を貯える

では、恋愛の話は少し横に置いておいて、別の話をしましょう。

「72÷金利」という計算で何が計算できるでしょうか？　ちなみに、ここでの金利とは資産が年でどのくらいで増えるのかという利息だと思ってください。

答えを先に言ってしまうと、72÷金利で「お金が二倍になるのは何年後か」が大まかにわかるんです。たとえば、銀行などに一〇〇万円を置いておくと、一年後には一〇一万円になるとします。このときの利息は年間一％ですね。二年後には、一〇一万円に一％の利息がつくことになるので一〇二万円ちょっとになります。こうしてどんどんお金を増やしていくと、大体七二年経つと一〇〇万円が二〇〇万円になります。年間一％の金利で運用しているので、72÷1で七二ですから、「一％で毎年運用していくと七二年かかる」ということが簡単に計算できるんです。

では二%の金利ならどうでしょうか？　二%ですから一年後には一〇二万円になるはずです。もう一年経てば一〇四万円ちょっとになります。こういう具合にどんどん増えていきます。そうすると、二倍になるのに何年くらいかかりますか？

三六年です。

その通り。72÷2%ですから三六年ということになるのです。

では、「一%だったら？　二%だったら？　四%だったら？　七%だったら？」それぞれの計算をしてみてください。

一%だったら七二年で一〇〇万円が二〇〇万円。一億円が二億円になります。二%だったら、三六年経てば一〇〇万円が二〇〇万円になります。では四%で運用したら、七%で運営したらどうですか？　四%のときは「72÷4」ですから、一八年ですね。一八年経つと一〇〇万円が二〇〇万円になります。七%だと、「72÷7」ですから、だいたい一〇年ちょっとで倍になります。

†普通預金は一〇〇万円を倍にするまで七二〇〇年！

それでは、日本の普通預金だったら、どうでしょうか。

日本の普通預金の金利は何％かわかります？　これは銀行によって違いますが、ある銀行の普通預金の金利は〇・〇一二％です。簡単にするために、仮に〇・〇一％としましょう。普通預金に〇・〇一％の金利が付くところに、一〇〇万円お金を入れておいたら二倍の二〇〇万円になるのに何年かかるでしょう？　なんと、七二〇〇年もかかるんですね。これではみなさんの生きているうちに二倍になることはありません。この計算からわかるように金利が何％かによって、お金が増えるスピードが全然違うんです。

たとえば、七％というのはどれくらいのスピードなのか。次の図表14を見てください。「毎月六万円の積み立てを三五年続けて、七％で運用すると一億八〇〇〇万円」と書いてあります。

どういうことかというと、毎月みなさんが六万円ずつお金を積み立てるとします。今月も六万円、来月も六万円。今はまだ無理かもしれないですけれども、大人になって給料をもらえるようになったら、給料の中から六万円ずつ、お金をつぎ込んでいきます。それを

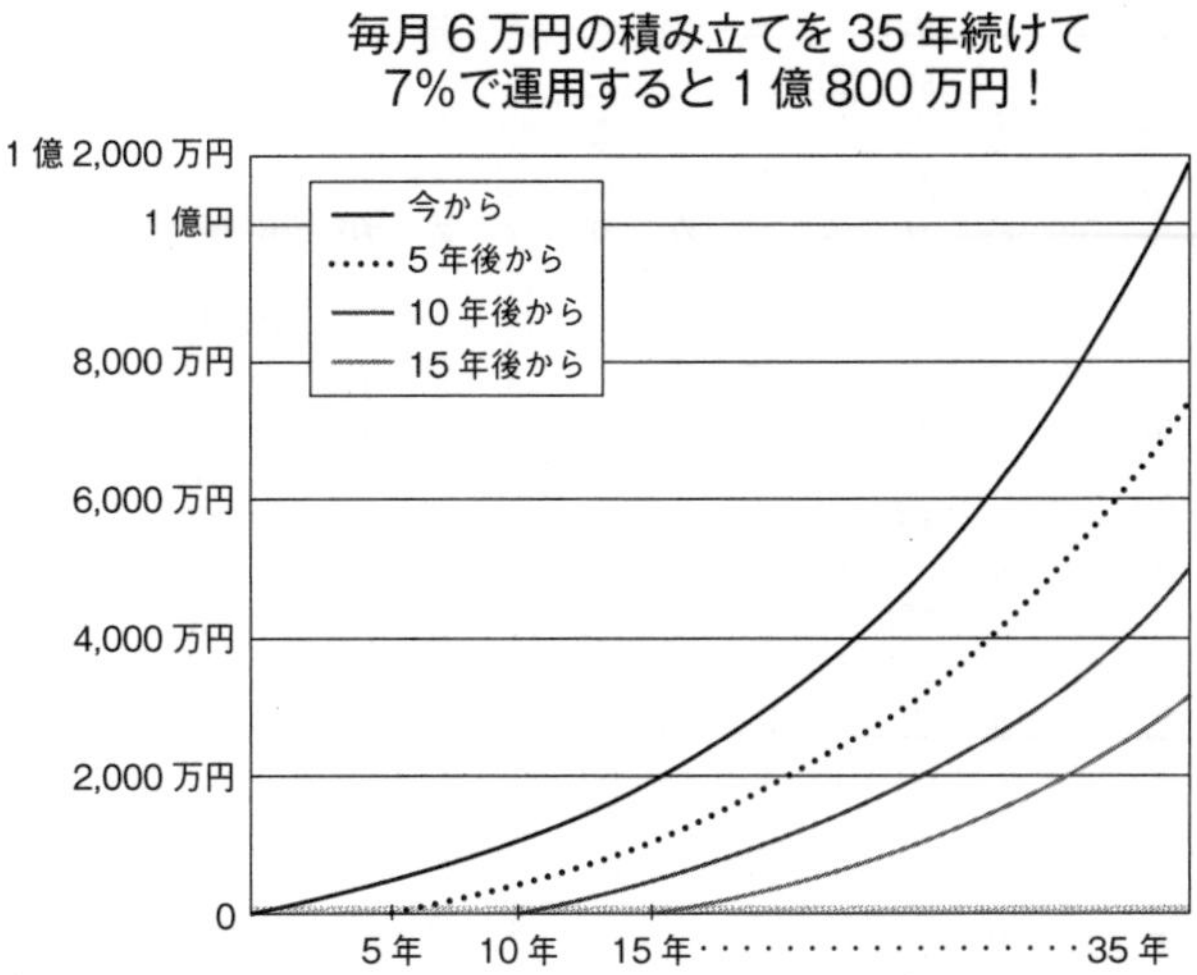

図表14　年金利7%でお金が増えるスピード

色々な投資をして七%で運用します。もし七%でできたとすると、三五年経ったら一億円になるということです。

†早ければ早いほど、お金が増えるスピードは上がる

一番上の太い線が、三五年間やった場合。次の少し低くなっているのが三〇年間やった場合。その次が二五年間やった場合。その次が二〇年間やった場合です。

みなさんが二五歳のときから投資を始めたとします。大学を卒業してある程度貯金ができるようになって、二五歳のときから始めて六〇歳までやって三五年間です。二五歳から六〇歳まで

三五年間、もし毎月六万円ずつコツコツ積み立てをして七%で運用すれば、一億八〇〇〇万円。先ほどの話からすると、老後に一億円あれば安心ですよね。一億円なくてもいいですけれども、もし三万円積み立てれば半分の五〇〇〇万円くらいにはなります。これでもかなりの金額です。

ところが、二五歳のときに、「まだちょっとお金はいいや、もうちょっと遊んじゃえ、使っちゃえ」と思って五年間さぼってしまったとします。それで三〇歳になって、「そろそろやらなければならないかな」と慌てて、同じように六万円の積み立てを始めたらいくらになるかというと、七三〇〇万円に減ってしまうんです。一〇年経って、三五歳くらいになってから始めると、今度は四八〇〇万円しか貯まりません。四〇歳になって始めるとさらに減ってしまい三〇〇〇万円しか貯まりません。

同じお金を積み立てていても、早くやればやるほど、貯まりやすい。グラフを見ても、右肩上がりにぐっと上がっていますよね。スピードがどんどん付いていくんです。ですから、もしこういう風にお金をうまく増やせる方法があるのだとしたら、一つは「早くやる」ことです。早く、というのはスピードを速くというのではなく、若いうちからやっておいたほうが、お金が増えるスピードがどんどん付いてくるということです。先ほどの72

の法則でわかるように、なるべく高い運用利回りで、高い金利で運用すればするほど、お金の増えるスピードは速くなっていきます。ですから「長くやる」ということと、「なるべく良い金利でやる」ことが非常に重要になってくるんです。

投資を四〇年前に始めていたら……

話をすすめます。少し難しくなってきましたが、大切なところなのでしっかり聞いてくださいね。

もう一つのグラフは「投資を四〇年前に始めていたら……」というものです（図表15）。これは、「実際に四〇年前にお金を入れたら今どれくらいまで増えているのか」というものを計算してみたものです。だいたい四〇年前が一九七〇年ですから、まだ高校生のみなさんは生まれてないですよね。その頃からもし投資をやっていたら実際にこういう風に資産が増えましたという過去の実例です。

一〇〇のものがだいたい九五八まで増えていますから、だいたい一〇倍くらいになっているということです。一〇倍であればそれほど悪くないですよね。投資を長期で続けることによって、うまくやればこれくらいのスピードで、お金を増やしていくことができると

図表15　1969年末から2009年末までの投資例

いうことを知っておいてほしいんです。

ただ、投資というのはやり方を間違えると失敗してしまうこともあります。このグラフも、結構上がったり下がったりギザギザしていますよね。山のてっぺんみたいに上がって、また谷みたいに落ちてという具合です。ですから、投資をしたからといって絶対に増えるわけではないんです。元本の保証もありません。

投資をするということは、銀行の普通預金に入れておくよりも、リスクは大きいわけですが、その分、投資によってみなさんの資産をより増やしていくことができる可能性があるということです。

†なぜ宝くじを買ってはいけないのか？

投資の話をもう少ししていきます。

投資とギャンブルは何が違うのでしょう？　株式投資はギャンブルみたいなものだと思う人はいませんか？

たとえばみなさんが、お父さんやお母さんに「株式投資したいんだけど」と言ったら、どう言うと思いますか。「良いじゃない、どんどんやったほうがいいよ」と言うよりも、「そんなことやめておきなさい」と反対される可能性が高いはずです。でも、なぜ株式投資をやめろと言うのでしょう？　それは、何だか危険な感じがするからではないでしょうか？

資産運用とか株式投資というと、ギャンブルみたいだと思っている人は結構いるはずです。では、株式投資とギャンブルは何が違うのか。これを少し説明したいと思います。

たとえば一万円で競馬の馬券を買いました、一万円でパチンコをやりました、一万円でルーレットをやりました、一万円で宝くじを買いました。それぞれの場合に、お金はいくらくらい返ってくるか知っていますか？

宝くじのお金の流れがどうなっているかといいますと、とても簡単です。宝くじは、たくさんの人が買う人気商品ですね。一人数百円だとしても、全部のお金を集めたら何百億円と集まります。

では、仮に合計で一〇〇億円集まったとしたら、そこからまずお金が差し引かれてしまうんです。一〇〇億円のうち、いくら差し引かれてしまうんでしょう？　どれくらい引かれると思いますか？

二〇％くらい？

五〇％くらい？

そうですね。だいたい五五％くらい引かれてしまいます。つまり元は一〇〇億あったお金が、四五億になってしまうのです。残った四五億円の中から三億円の人や、もっと少ない賞金の当選者の人たちにお金を配布する仕組みになっています。ずいぶん割が悪いと思いませんか？

では、パチンコはどうでしょうか？　パチンコも全員が勝っていたらパチンコ屋さんが潰れてしまいます。必ずパチンコ屋さんが利益を貰って、それ以外をみんなに分けていくのです。パチンコで損をする人も得をする人もいますが、使ったお金を全部足したら絶対にマイナスになっている。そうしないと、商売にならないからです。

競馬も、馬券の配当が馬券の販売収入より大きくなったらビジネスとして成立しなくなってしまいます。必ず馬券のお金を全部集めて、運営組織のＪＲＡが決まった比率を差し引いて、残りのお金を配当に回す。そういう仕組みです。

宝くじの場合は、だいたい四五％くらいしかみなさんのところに返ってこないと言いましたが、他のギャンブルはどうでしょうか。パチンコは九〇％くらい返ってくると言われています。競馬は七五％くらいです。カジノのルーレットは九五％以上返ってきます。そうしたら、ギャンブルの中でどれをやるのが一番いいですか？　戻って来るお金は、パチンコが九〇％で、ルーレットが九五％で、競馬が七五％で、宝くじが四五％だとしたら宝くじを買うのは何だか馬鹿らしいと思いませんか？

でも、宝くじを買っても、あまり危ないとは思いませんよね。「宝くじなんかやったら破産しちゃうよ」と言う人はあまりいません。でも、競馬をやっていると言うと、なんだかとても危ない人に見えますよね。「競馬をやって大丈夫なの？」、パチンコをやっていると言っても、「パチンコなんてあまりやらないほうがいいんじゃないの？」、カジノに行ってルーレットをやっているなんて言うと、「ギャンブル大好きなんですね」みたいになってしまいます。

でも、比率からいくと、ルーレットが一番割が良くて、宝くじで儲けるほうがだんぜん難しいんです。でも、ギャンブルはやらないけど、宝くじを買って三億円が当たらないかなと思って買っている人は世の中に結構いるわけです。

宝くじを買って三億円当てる人は確かに存在します。でもそれ以上にはずれている人がたくさんいるわけですね。当たった人だけを見るとすごいと思いますけれども、数百万人に一人とか、そういうレベルでしか当たらないので、全体ではほとんどの人が損をしているというわけです。

†ギャンブルは増えない、でも投資は経済成長で増える

このように、宝くじやギャンブルは、不特定多数の人から集めたお金から一定の比率を

ゲーム	期待値	控除率	1万円賭けるごとに負ける平均額
宝くじ（日本）	46.4%	53.6%	5,360円
公営競技（競馬など）	75%	25%	2,500円
パチンコ	約97%	約3%	300円
キノ／ビンゴ	約80%	約20%	2,000円
トトカルチョ（ネバダ州）	92〜95%	5〜8%	500〜800円
ルーレット（アメリカン）	94.737%	5.263%	526円

※いろいろな賭け方が存在する場合は、一番期待値の高い賭け方をするものとします。
上記の数字には細かな例外があるかもしれません。
参考文献：谷岡一郎『ツキの法則』

図表16　ギャンブルの期待値と控除率

差し引いて、残りをまたみんなで分ける仕組みになっています。ですから、お金は全然増えていません。

たとえば、三〇人に一〇〇円ずつ出してもらって、全員で集めたお金でじゃんけんをするとしましょう。みなで一〇〇円玉を出してじゃんけんして、勝った人が負けた人から貰っていく。そうすると、三〇人でやると、ひとりだけ二九〇〇円儲かりますよね。二九人分の一〇〇円玉が貰えます。残りの人は全員一〇〇円ずつ損しますよね。そうすると、一人はプラス二九〇〇円で、残りの二九人がマイナス一〇〇円です。

この場合、全体でお金は増えていますか？　全然増えていないですよね。みんなで集めたお金をみんなで分け合っているだけです。

ギャンブルは、これと同じ仕組みです。要するに、ただ集めて再配分しているだけなんです。宝くじやギャンブルでは胴元《どうもと》に手数料を取られてしまうのですが、みなさんが一〇〇円でじゃんけんするときには、手数料を取る人が誰もいないので、すべて足すとゼロになります。増えもしませんし、減りもしません。

では、株式投資はどうでしょうか？

たとえば、今度はみなさんが出してくれた一〇〇円で、じゃんけんするのをやめて、私がみなさんのお金をまとめて預かります。そうして集めた三〇〇〇円のお金で稲の苗《なえ》を買って田植えをしたとします。秋になって稲穂《いなほ》が実ったので、それを売ったら六〇〇〇円になりました。それを私が手数料ゼロでみなさんにお返しする。そうするとみなさんに二〇〇円ずつ返せますね。そうすると全員のお金が一〇〇円から二〇〇円に増えることになります。ではこの場合ギャンブルのように誰か損していますか？　自分のお金が二倍になっても、誰も損をしていないですよね。

なぜだかわかりますか？　そうです、稲が成長しているからです。成長によって新しい価値が生まれたので、皆が得をすることができるのです。

お金をただ集めて分けるだけではなく、投資をするという形で育てているので、誰かが損をして、誰かが得をするというのではなく、お金自体が増えていって、それによって皆が得をする。これが投資の基本的な仕組みなんですね。

†もし創業時のセブンイレブンに投資していたら？

みなさんがどこかの会社に投資をするとしたら、どういう会社を選びますか？

たとえばセブンイレブンというコンビニがありますよね。日本で最初にできたセブンイレブンの店舗はどこか知っていますか？　江東区《こうとう》の豊洲《とよす》というところにできたのが一号店なんです。もう四〇年くらい前にできました。

セブンイレブンが最初にできたときには、日本にコンビニエンスストアは一軒もありませんでした。もし、セブンイレブン（現セブンアンドアイホールディングス）に投資をしていたら、今持っているお金は数百倍に増えているはずです。もしセブンイレブンがまだ小さい会社のときに一〇〇万円を投資していれば、数億円の資産になっていたということです。

でも投資でもし一〇〇万円が一億円になったとして、だれか損しているでしょうか？　だれも損していませんね。株式投資家から集めたお金を使って、セブンイレブンが新しいビジネスをどんどん作っていく。それによって会社がどんどん大きくなっていく。そうなっていくと、元々のお金の価値もどんどん増えていくわけです。誰かが出しているお金で当たっている人のお金を出すというギャンブルの仕組みとは違って、お金自体がどんどん成長していって、それによってみなさんの資産が増えていく。これが投資です。

確かにリスクがあるという点では、株式投資も、競馬、パチンコ、ルーレット、宝くじと似ています。しかし、「お金が増える可能性がある」ところが違います。ギャンブルは、集めたお金から手数料を引いてみんなで分けるだけ。投資はお金の価値自体が増えていくことがある。この違いを知っておいてください。

†どうやって株を買えばいいか？——投資のタイミングを考える

では、次に投資の具体的な方法を考えるために、次の（ワーク1）をやってみましょう。

ワーク1 毎月三株ずつと三万円ずつ、どっちがお得？

株の値段は上がったり下がったりします。

一月に一万円だった株が、二月には一万五〇〇〇円になりました。しかし三月には五〇〇〇円まで下がってしまいました。

ではみなさんが①毎月三株ずつ買った場合、それから②毎月株を三万円ずつ買った場合、どちらが良いでしょう？　どっちが得なのか理由をつけて解答してください。

この①と②、どちらのほうが得ですか？

まず、三株ずつ買うほうを考えてみましょう。三株ずつ買うと、一万円のときは三万円で三株買えますよね。一万五〇〇〇円のときは四万五〇〇〇円で三株、五〇〇〇円のときは一万五〇〇〇円で三株だから、三株ずつ三カ月買うと、当然三×三だから九株買って全部で必要なお金というのは九万円になります。

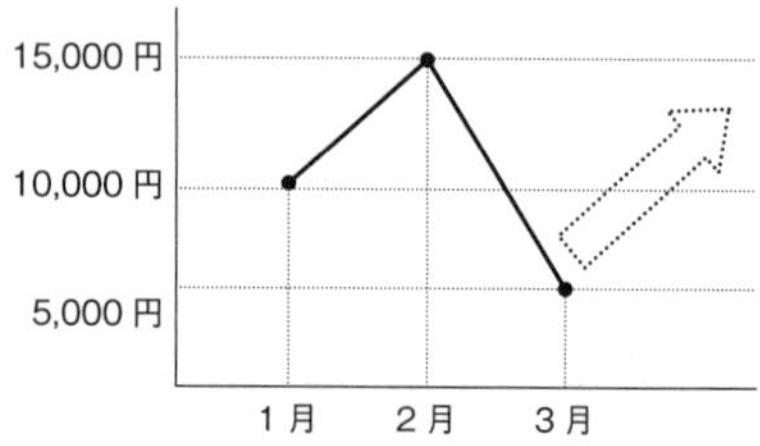

図表17　3カ月間の株価の推移

では、三万円ずつ買っていったらどうなりますか？　一万円のときは三株買えますよね。一万五〇〇〇円のときは二株だけです。五〇〇〇円になると六株ですね。すると、三＋二＋六で一一株買えました。

同じ九万円を払って九株しか買えないのと、一一株手に入るのではどちらが得でしょう？　明らかに三万円ずつの方ですよね。先ほど「毎月六万円ずつ積み立てると一億円になる」という話をしましたが、こうして毎月同じ金額をコツコツ貯めていくと、上がったり下がったりするものを買うときにも有利なんです。

図表18を見ると、三万円ずつ買う人は、下がっているときにたくさん買っていますよね。株が五〇〇〇円に下がると六株買い、一万五〇〇〇円に株が上がると二株しか買ってない。別に上がったから少ししか買わない、下がったからたくさん買おうとは考えていません。単純に、毎月三万円を普通に積

株価	①毎月３株ずつ買う	②毎月３万円ずつ買う
１万円	３万円	３株
１万5000円	４万5000円	2株
5000円	１万5000円	６株
合計（投資金額）	９株（９万円）	11株（９万円）

＊毎月3万円の方が同じ9万円でも2株多く買える

図表18　定額積み立ての効果

み立てているだけ。それなのに、不思議なことに下がってくると自動的にたくさん買って、上がってくると少ししか買わないので、結果的には安くたくさん買えるわけです。ですから、株を三株買ったり、適当に分けて買ったりするよりも、金額を固定させてコツコツ続けていくほうが、結果的にはうまくいくケースが多いということです。

†投資の肝は「積み立て」にあり！

もちろん、一番下がった三月の五〇〇〇円のときに、全額九万円すべて投資すれば、一気に一八株を買えます。これが一番良い方法ですよね。

しかし、もしそんな一発勝負を狙って間違えて二月に九万円全額を投資してしまったら六株しか買えません。これは最悪です。このように、タイミングを狙って一か八かで狙って大失敗してしまうくらいなら、何も考えずにコツコツ積み立てていったほうが安定してお金が貯まる可能性がある。それが、ここでお薦めしている積み立て投資のやり方です。

ですから、株が安くなったからいっぺんに買うのではなくて、決まった金額を積み立てる、お給料を貰ったら毎月コツコツ貯めていって資産を作っていく方法が良いということです。毎月一万円とか二万円とか、自分でルールを決めて、上がったり下がったりすることに一喜一憂しないで投資を続けていく。これが大失敗しない方法なのです。

しかし、普通の人は皆、自分で投資のタイミングを考えようとして失敗するのです。上がってくるとブームに煽られてワーッと買い、下がってくると今度は何もできなくなる。

これでは投資は続きません。そんな失敗をするくらいなら毎月金額を決めてコツコツやっていくほうが良いのではないかと思います。

†二つの運用方式で一万円を増やそう

今度はお金の増えるスピードを考えてみましょう。次の図表19を見てください。小さい数字がたくさん書いてありますね。

10,000 円の元本の複利運用による資産額（単位：円）

	5 年後	10 年後	15 年後	20 年後	25 年後	30 年後
1%	10,510	11,046	11,610	12,202	12,824	13,478
4%	12,167	14,802	18,009	21,911	26,658	32,434
7%	14,026	19,672	27,590	38,697	54,274	76,123

毎月 10,000 円の積み立てによる資産額（単位：円）

	5 年後	10 年後	15 年後	20 年後	25 年後	30 年後
1%	615,503	1,262,550	1,942,758	2,657,825	3,409,540	4,199,779
4%	665,200	1,477,406	2,469,108	3,679,972	5,158,433	6,963,629
7%	720,105	1,740,945	3,188,112	5,239,654	8,147,971	12,270,875

図表19　複利運用と積み立ての資産額

まず「一万円の元本の複利運用による資産額」というのは何を意味しているかを説明します。右側に一%、四%、七%と書いてありますが、これは一年に何%でみなさんの資産を増やすかという金利です。上段に五年後、一〇年後、二〇年後と書いてありますが、これは一万円を持っていて一%で毎年運用していくと、いくらになるかを計算したものです。では、三〇年経ったらいくらになるかわかりますか？

一万三四七八円です。

はい、正解です。今年も一%、来年も一%、再来年も一%。ずっと一%で今持っている一万円が三〇年後には一万三四七八円になります。ということは、もしみなさんが一〇〇万円持っていたら三〇年後に

一三四万円になるんです。

みなさんが「今持っているお金は何年後にどれくらいになるんだろう」と思ったときに、大まかな予測をつけたかったら、この表を使えば簡単に計算できるんです。「お父さん、今うちにはどれくらいの資産があるの?」と聞いて、「五〇〇万円くらいあるんだよ」というなら、「五〇〇万円を四%で運用すると二〇年後には一〇〇〇万円ちょっとくらいにはなるんだよ」と教えてあげてください。きっとお父さんはびっくりすると思いますよ。

四%で運用すると二〇年後には二・一倍になるわけですから、五〇〇〇万円だったらこれを五〇〇倍すればいいわけです。あるいは、七%で運用すれば三万八六九七円とわかります。金利が高くなればその分増えるスピードも早くなることがわかると思います。

しかも、この図表19でわかるように、お金は時間が経てば経つほど(右にいけばいくほど)、増えていきます。金利がプラスになっているうちは、長い期間置いておけば置いておくほど、お金がどんどん増えていくということです。

†将来のお金を作るシミュレーション

これまで見てきた図表19の上の表は、今持っているお金を運用する方法です。

ですから、今お金が全然ないという人にはこれは関係ありません。ところが下の表は誰にでも関係があります。これは、「これから毎月一万円積み立てをしたらいくらになるか」という計算結果だからです。

この二つの表を使えば、みなさんが今持っているお金とこれから積み立てをするお金でどうやって資産を作っていくのか、将来のお金を作っていくのかというシミュレーションができるんです。

今あるお金と、積み立てをするお金、これを合わせて何%で運用するか。そして何年で運用するか。これによってみなさんの将来の資産というのがどれくらいになるのか、わかります。

もちろんこの通りにいくとは限りません。四%でやろうと思ったら三%になってしまったり、マイナスになったり、一%でやろうと思ったら一〇%で運用できたといったこともあります。上がったり下がったりということがあるんですけれども、大事なことは計画してみることです。「だいたいどれくらい増えるんだろう」と考えて、今持ってるお金と、これから積み立てするお金でどうやったらお金が作れるかという計算をやってみることが大切です。

では、みなさんにワークで計算してもらいましょう。次の(ワーク2)を考えてみてください。

(ワーク2) **どうすれば三〇年で三〇〇〇万円を作れるか？**

図表18を使って、どうすれば三〇年で三〇〇〇万円を作れるか、計算してみてください。

① 資金一〇〇〇万円の場合
② 資金ゼロの場合

†もしも一〇〇〇万円を三〇年間運用したら？

まず、①の「一〇〇〇万円あるとき」からはじめてみましょう。

まず七％で三〇年後にいくらになるかを考えてみましょう。先ほどの図表19の上を見てください。一〇〇〇万円を七％で運用すると、三〇年後には七六一二万円になることがわかりますね。ということは、一〇〇〇万円ある人は、三〇〇〇万円を手に入れるためには七％で運用しなくてもいいということです。

あるいは四％で運用すると、三〇年後には三二四三万円になります。ということは、もしみなさんが一〇〇〇万円を持っているとしたら、だいたい四％くらいで運用すれば、三〇年後には三〇〇〇万円くらいになるのです。

では一％で運用する場合はどうなるでしょうか？

一％で計算すると、一〇〇〇万円は三〇年後に一三四七万円になります。そうすると、目標の三〇〇〇万円にあと一六五三万円足りません。

もし毎月一万円を積み立てて、一％で運用すると三〇年後には四一九万九七七九円になります。とすると、毎月いくら積み立てをすれば、この足りない一六五三万円を積み立てでつくることができるでしょうか？

この一六五三万円を四一九万円で割れば、約四万円という金額が出てきます。四万円くらいを毎月積み立てれば、一六〇〇万円になって、元々の一〇〇〇万円の運用金額と合わせると三〇〇〇万円くらいになるということがわかります。

一％になると、増えるスピードが遅いので、七％よりもたくさんお金が要ります。しかし、こちらのほうが確実です。

金利が違うと、お金の増え方がこんなにも違うのです。

では、一番良いのは七％かというと、そうではありません。七％で運用するということは、それだけ危険性も高い方法だということです。つまり、高い金利を目指せば目指すほど失敗する可能性があり、金利が低いほど確実性が高く安全なのです。車の運転と同じでスピードを出しすぎても事故に遭ってしまうし、安全運転しすぎると今度は将来に間に合わなくなってしまう。そこで考えなければいけないのは、どれくらいのスピードでお金を増やしていくかなんです。

†資金ゼロから三〇〇〇万円を貯めるには？

さて次は②の「資金ゼロの場合」を考えてみましょう。

もし今はお金がなくても、これから増やしていくことはできます。今度は図表19の下を見てください。これは「毎月一万円を積み立てしていったらいくらになるか」という表です。

　では、七％で毎月一万円を積み立てしていくと、三〇年後にはいくらになるでしょう？　一二二七万円ですね。これは要するに、毎月一万円、今月も一万円、来月も一万円。そうすると一年間に一二万円ですから、三〇年間だと三六〇万円の積み立てをする。三六〇万円の積立をしてお金を運用していったら、三倍くらいになりました。悪くないですね。

　では四％ではどうですか？　六九六万三六二九円です。もしも毎月二万円を積み立てるのであればこれを二倍にすればいいですし、逆に毎月五〇〇〇円しかないのであれば、これを半分にすれば全部計算できます。今お金がなくてもこれから月に何万円ずつ積み立てをして、何％くらいで運用すればお金がどうなるかわかるわけです。

　では、今お金がないのに、三〇年後に三〇〇〇万円を貯めるためにはどうしたら良いか。たとえば七％で毎月一万円だと一二二七万円ですよね。これを三〇〇〇万円にするためには、毎月いくら積立をすればよいでしょう？　毎月二万円だとこれの二倍で二四五〇万円くらい貯まるはずです。では三〇〇〇万円が欲しかったら、毎月いくら積立をすればよい計算になりますか？

　そうです。二万五〇〇〇円ほどですね。割り算をすれば計算できます。三〇〇〇万円を

資金1000万円を運用した場合

7％で30年	7612万円
4％で30年	3243万円
1％で30年	1347万円

資金ゼロで毎月１万円積み立てた場合

7％で30年	1227万円
4％で30年	696万円
1％で30年	419万円

図表20　１％、４％、７％で運用したときの金額

一二二七万円で割れば、だいたい二・五くらい。ということは約二万五〇〇〇円。

もし毎月七％で二万五〇〇〇円くらいずつ投資をしていって、七％で増やしていくことができれば、三〇〇〇万円になるということです。みなさんはまだ高校生で仕事をしていないので、大変な金額だと思うかもしれませんが、社会人が毎月二万五〇〇〇円くらいのお金を投資していくというのは、そんなに難しい金額ではありません。ただ、繰り返しになりますが、七％で運用することができるかどうかは、将来のことなので思った通りに実現するとは限りません。

今までの計算からわかることは、同じ一万円でも一％、四％、七％で、時間が経てば経つほど差がどんどん広がっていきます。お金はお金を生んで、雪だるま式に増えていくわけですけれども、その増え方は金利が高ければ高いほどスピードがどんどん速くなっていきます。ですから、なるべく運用するのは高い金利でき

たほうが増えるんですけれども、もちろんそれはそれだけリスクがあります。どのくらいのリスクでやっていくかは、自分で考えなければいけません。

†金額を決める前に、何のために必要かを考える

ここまで三〇〇〇万円という金額を決めて、どうやってそれを手に入れるのかを考えてみました。

ところで、みなさんは自分が「いくら欲しいか」を考えたことがありますか？　お金が足りないといっている人は世の中にたくさんいますが、実際にあといくら必要なのかと具体的に考えている人はあまりいないのです。

今回の例でも三〇〇〇万円と決めて計算を始める前に、まず「本当に三〇〇〇万円はいるのか」を考えるべきです。もし、三〇〇〇万円もいらないのであれば、投資なんてしなくても良いかもしれません。投資をしてお金を増やすというのは絶対確実なことではありません。リスクがあるから、やらなくて良いならやらない方が安心なのです。

今回は三〇年後に三〇〇〇万円としましたが、もしかしたら二〇年後に一〇〇〇万円の人もいるかもしれませんし、二五年後かもしれない。人によって違うんです。

まず自分がこれから将来やりたいことは何か、それを決めるのが最初です。その上で、それに必要なお金がいくらかかるのかを考えてみる。たとえば、家を買いたいとか、老後安心したいとか、そういう具体的な目標です。それが見えてきたら、今度はそれぞれにどのくらいのお金がかかるかを考える。そこまでできてはじめて、具体的なお金の計画を計算するのです。この話は第4章でまた出てきますので覚えておいてください。

†投資では二股、三股をかけよう！——分散投資のススメ

ところで本章のはじめに、恋愛と投資の違いをお話ししました。「恋愛は二股をかけてはいけない」という話でしたが、実は投資は恋愛と逆なんです。「投資は二股かけたほうが良い」。なぜかと言うと、一つの会社だけに投資をすると、その会社が潰れてしまったら終わりだからです。

たとえばA社とB社があります。もしみなさんが一〇〇万円を持っていて、A社の株を全部買うとします。ところが、A社が潰れてしまいました。すると資産はゼロです。一方、一〇〇万円を五〇万円ずつに分けて、A社とB社に投資しました。すると、もしA社が駄目になっても、B社の五〇万円は残ります。

図表21　１つのカゴに卵を全部もってはいけない

ですから、投資をするときには、一つの投資先に集中するのは非常に危険です。その会社がうまくいけばいいですけれども、万が一倒産してしまったり、社長さんが亡くなってしまったり、急に工場で事故が起きたり、トラブルが発生すると、株価が急に下がったり会社が倒産したりすることがあります。だから、なるべく色々なところに分けて投資をしていったほうがいいんです。これが「二股、三股かけましょう」ということなんです。

投資をするときには一人に絞らない。Aさんも良いけど、Bさんも良いかな。Cさんも良いかなと思ったら、きちんとAさん、Bさん、Cさんに分けて投資をしていく。これがとても重要です。これを**分散投資**といいます。

投資のことわざで、**「一つのカゴに卵を全部もってはいけない」**というのがあります。卵を一つのカゴに入れて運ぶと、もし転んでひっくり返したら卵が全部割れてしまいます。だから卵を運ぶときにはカゴを分けて運びましょうということです。何回かに分けて運べば、もしも転んでしまっても、残りの卵は守ることができます。

投資で失敗してしまう人がいますが、そういう人が何をやっているかというと、この集中投資をしているケースが多いのです。「この会社に全額」などとやっていると、儲かっているときには良いですけど、その会社の業績が急に悪くなってしまったりすると、大損してしまう。

株式でいえば、会社によって株が上がったり下がったりバラバラですから、色々な会社に分けて投資をすれば、分散投資することで大損するのを避けることができるのです。先ほどの図表15（一二六ページ）の「投資を四〇年前に始めていたら……」というグラフを見ると、色々な投資先に分散投資をしたらどうなっていたかがわかります。このグラフを見ると、途中で上がったり下がったりはしていますが、全体的に右肩上がりになっています。なぜ資産の価値が増えているかというと、世界経済が全体としては成長しているからです。少し時間をかけて、このような世界経済全体の成長から恩恵を受けるような投資をしていけば、大きな失敗をすることなく投資を続けることができます。

先ほどの例で出てきた、セブンイレブン。もし、まだ上場して間もない頃に投資していたら投資としては大成功だったと思います。でも、同じ時期に同じようなコンビニは他にもたくさんあったはずです。もしセブンイレブンではなく、違う会社に投資していたら、もしかしたら資産がゼロになっていたかもしれません。

これは他の業界でも同じです。自動車会社も昔は何十社とありました。ところが、今生き残っているのはトヨタや日産やホンダなど、数社しかありません。インターネットショッピングもそうです。今では楽天はとても大きくなりましたけれども、一〇年くらい前には楽天以外でも色々なネットショッピングのサイトがありましたが、みんなどんどん消えてしまいました。

このように、会社は競争して、残っていく会社と潰れてしまう会社に分かれます。一つの会社にだけ絞り込まないで、色々な会社の株を買いましょうというのが投資の一つめのポイントです。

†投資のタイミングも分散する――時間分散投資

それからもう一つは時間を分散させることです。

これは一三四ページの「投資のタイミングを考える」で説明しましたが、投資する場合、一度にまとめて買わないこと。投資のタイミングをあまり考えず、毎月等金額で買っていくことです。「安くなったら買って、高くなったら売ろう」と考えても結局高値で買ってしまう。それよりはタイミングを自分で考えないで、コツコツ積み立てていくことです。

投資対象の分散と投資タイミングの分散。二つの分散を原則に投資を始めると、ギャンブルのようなハラハラドキドキするような投資から卒業できます。定期預金のように元本保証はありませんが、失敗する可能性を下げることができ、みなさんの将来に必要なお金を手に入れられるようになるのです。

†商品を組み合わせて投資しよう

ここまでは投資商品として、一番わかりやすい株を例にお話ししました。けれども、投資商品は株式以外にも色々あります。たとえば、国債《こくさい》のような債券もありますし、投資信《とうししん》託《たく》という商品もあります。

国債というのは聞いたことがあるでしょうか？　国がお金を借りるために出している債券のことです。国債に投資をするというのは、要するに国にお金を貸してあげるということです。これも定期預金と同じように金利がもらえます。

それからもう一つ、投資信託という商品もあります。これは、投資家から集めたお金を、金融のプロが運用する投資商品のことです。

これ以外にも色々な商品がありますが、それぞれにリスクがあります。株は上がったり下がったりしますし、債券も金利が上がったり下がったりしますし、投資信託も価格が上がったり下がったりします。どれも絶対に値上がりするものではなくて、リスクがあるんです。

でも、こうした商品をうまく組み合わせて、工夫して投資を続けていけば、みなさんの資産も〇・一％とか〇・〇一％といった普通預金の金利ではなくて、年平均で四％や七％くらいで増やすことは、実はそれほど難しくありません。ただみんなやり方を知らないだけなんです。知らないうちに年を取ってしまって、昔やっておけば良かったなと後悔してる人がたくさんいます。

みなさんはまだ高校生ですから、時間がたっぷりあります。それに失敗したとしてもまたやり直すことができます。正しいやり方をちゃんと理解したら、なるべく早くやってみる。

せっかくこの授業で勉強する機会があったのですから、自分で使えるお金を手に入れられるようになったら、ぜひチャレンジしてみてください。具体的な投資方法に興味のある人は、投資について解説した本を読んで勉強してからはじめてみてください。

投資にはリスクがあると言いますが、もし一万円投資したからといって、ゼロになってしまうことはありません。減ったとしても、せいぜい一割、二割という額です。ちょっとずつ投資をしていって、もし減ったとしてもあまり一喜一憂せずに、何十年と続ければ、みなさんの資産をこれから増やしていくことがきっとできるはずです。

†投資はやった方が良い？　やらない方が良い？

さて、ここまで投資について説明をしてきました。みなさんは高校生ですから、今はまだ投資をすることができないかもしれませんが、いずれ社会に出て働いたりする時期になれば、資産形成をしていくことになります。貯金で貯める方法もありますし、投資という方法も選べます。

今までの話を受けて、ワーク3をやってみましょう。正直に今の感想を考えてみてください。

ワーク3 投資はやったほうがいい？　やらないほうがいい？

みなさんは投資をやっていったほうが良いと思いますか？

それとも「ちょっと胡散臭いな、もしかしたら騙されるかもしれないな」と思いますか？

理由を考えて、自由に意見を考えてください。

では、早速感想を聞いてみましょう。

投資はした方が良いと思いますか？　それともやらない方が良いでしょうか？

失敗したら怖いから、やりたくないです。大金を投資して失敗したら、それこそお金に不自由しそう。それに、真面目に投資の勉強をしたり、いろいろ考えなくちゃいけないし、運も大切そうだし。自分で稼いで、こつこつ毎月貯金したほうが良さそう。

そうかな？　いろんなところに分けて投資すれば、そんなにリスクがないと思うけど。こまめに買うことは自分にもできるし、いろいろな方法があることがわかったから、考えてやればいい。

二人に意見を聞いてみましたが、どちらの感想も良くわかります。

私は、投資をやりたくないと思っている人は無理に投資をしなくても良いと思っています。ただし、投資をやらないことによって、得られないものがあることも知って欲しいと思います。お金というのは、人生を左右するとても大切なものです。そのお金の将来を決めるのが投資だからです。

たとえば、同じくらいの収入の仕事をしている二人がいたとして一人だけが投資をしていて将来資産を増やすことに成功したとします。もう一人は投資をしなかったことで資産を増やすことができませんでした。そうすると、その後のライフスタイルには大きな違いが出てきます。お金がないと我慢しなければいけないことも出てきます。老後の生活にも苦労するかもしれません。

そんな何十年もあとになってから後悔しても遅いのが投資です。なぜなら投資で資産を増やすのには時間が必要だからです。一〇年、二〇年といった時間をかけないと投資はうまくいきません。

たしかに、投資には「リスクがある」、「危ない」、「危険だ」というイメージがありますよね。そうした不安を少しでも和らげるのが今まで説明してきた投資対象を分散させ積み立てを使う投資の方法です。

みなさんにはまだ何十年という投資にかけられる時間があるのです。時間があることは大きな財産です。でも、何もしないでいるとその大切な時間がどんどん減ってしまいます。

投資を長くやるためには若いうちから少しずつやっておくほうが、結局はうまくいくということです。

†投資は車の運転と同じ

みなさんがもし車の免許を持っていてここから東京に行くとしたら、何キロくらいのスピードを出しますか？　三〇〇キロくらい出せばあっという間に着きますよね。でも高速道路で三〇〇キロを出して、もしハンドルを切りそこなったら、事故できっと即死です。でも逆に、時速一〇キロでノロノロ運転していたらいつまでたっても目的地には着けません。普通は、どれくらいのスピードを出すかというと、三〇〜六〇キロくらいかな、高速では八〇キロくらいかなと決めています。

投資もこの車の運転と同じ考え方をしてください。一つの株だけに資金を投資して一発狙いをするのは時速三〇〇キロで運転するのと同じです。つまりうまくいけばとても良い結果になりますが、失敗すると悲惨な結末になってしまうということ。逆に、預金の低金利でお金を増やそうとするのは時速一〇キロで運転するのと同じで、スピードが遅すぎです。これでは自分が必要なお金を手に入れられません。

投資対象を分散して、コツコツと毎月積み立てで投資するのは、車の運転で言えば、時速六〇キロくらいで安全運転しているのと同じ。車だって絶対に事故が起こらないとは限りません。問題はどこまでなら万が一事故に遭遇しても自分を守れるかなのです。

どうでしょうか？　みなさんは、ここまで聞いてもまだ投資はやらない方が良いと思いますか？

まとめ

- 「72÷金利」で元本が二倍になるのに何年かかるかがわかる
- お金を投資で増やすのには時間がかかる
- ギャンブルは価値を生まないが、投資は新たな価値を生み出す
- 投資は積立で少しずつ増やしていくのが良い方法
- お金の増えるスピードはシミュレーションでイメージできる
- 投資先は集中させないで分散を心がける
- 投資のリスクは車の運転と同じ。リスクの取りすぎは危険

第４章

お金があれば幸せになれるか？
――お金と人生を考える

みなさんこんにちは。この授業も今日で最終回です。今までお金のことを色々とお話ししてきましたが、お金に対する見方や考え方が少し変わりましたか？

日本では、面と向かってお金のことを話すことがあまり良いことだと思われていません。お金は汚いもの、お金のことばかり話す人はセコい人、というような見方をされることが多いのですが、私はそうは思いません。

お金というのは、人生を豊かにするためにとても大切なものだと思っています。ただ、その使い方を間違えてしまっている人が多いのです。せっかくのお金が無駄に使われるのは勿体ないことです。今回は、お金の殖やし方や投資の方法ではなく、お金と人生の幸せについて考えてみたいと思います。

†株を買って社会を良くする

前回の授業で投資について話をしましたが、投資というと最初に思いつくのは株だと思います。一つの会社の株式だけに投資をするのは危険と言いましたが、株式投資をすることの意味についてちょっと説明しておきます。

株式のことは英語でストック（Stock）といったり、シェア（Share）といったりします。

シェアというと日本語では持ち分というような意味になりますが、株式投資をするということは、まさにその会社の一部を所有するということになるのです。みなさんがもしトヨタの株を一〇〇株持っているとすれば、トヨタの全体の株式のうち一〇〇株分の会社を持っているということなのです。

会社には社長をはじめ取締役と呼ばれる経営に関わる人たちがいますが、彼らは会社の所有者ではありません。経営者というのは、株主からの依頼を受けて経営をしている人達なのです。社長というと何だかエラい人と思うかもしれませんが、一番エラいのは実は株主です。株主は株主総会という会議で誰に経営を任せるかを決めることができる仕組みになっています。みなさんがある会社の株を持っているとして、その会社の経営を誰にやってほしいか株主として決める権利を持っているのです。

投資家として株式会社の一部を所有して、その会社がビジネスで利益をあげていくと、株価が上昇したり、配当というお金がもらえたりします。利益が出ているということは、投資したお金が正しく会社で使われているということでもあります。

たとえば、みなさんがゲームの会社に投資をしたとします。そのお金でゲーム会社は面白いゲームソフトを作って、それが大ヒットしたらどうなるでしょうか？　投資したお金は会社の価値が大きくなりますから、儲かります。配当がたくさんもらえるかもしれません。でもそれだけではないのです。そのゲームソフトを買った人はゲームで楽しく遊ぶことができます。熱烈なファンがいたら、その人たちからみなさんは投資家として感謝されるかもしれません。なぜなら、投資する人がいなかったら、その会社には資金が集まらず、人気のゲームソフトも生まれることはなかったからです。

つまり、投資によって自分が儲かるだけではなく、世の中の人を幸せにしたり楽しませたりすることのお手伝いができるということなのです。

携帯電話の会社に投資すれば、携帯で生活を便利にすることを資金面で手伝うことができる。食品の会社に投資すれば、その会社の作っている美味しくて評判の商品の開発のサポートができる。つまり投資というのは社会貢献という側面もあるのです。これはとても大切な考え方なのでぜひ覚えておいてください。

†なぜ投資は何だか怖いのか?

投資にはそんな素晴らしい側面があるにも拘わらず、株式投資というとなんだか怖いとか、怪しい、と生理的に拒否する人が多いのはなぜでしょうか?

私は、きちんとした知識を持たずに勝手にイメージだけを先行させている人が多いからだと思っています。

最低限のお金の知識も持たないでいきなり投資を始めたりすると思わぬワナに引っ掛かってしまったりします。第3章でお金の増やし方は車の運転と同じと言いました。車の運転には、技術が必要なので免許を取らないと運転できないルールになっています。それと同じように、実は投資にも技術が必要なのです。でも投資を始めるのには免許は必要ないですよね。だから、無免許運転のような乱暴な投資をする人が出てきて、事故を起こしてしまうのです。お金の取り扱いにも基本的なルールがあることを知っておきましょう。

†世の中にうまい話はない

投資を考えるときに知っておいて欲しいのは、世の中にはうまい話はないということです。たとえば、「絶対に失敗しないで資産が倍になります」というような甘い話があったとしたらみなさんは信じますか？　そう聞かれると、そんなサギのような話にはひっかからないと思うかもしれませんが、新聞を読んでいると被害者になっている人が後を絶たないことがわかります。

たとえば、以前あった話ではフィリピンの海老《えび》の養殖事業に投資をすると大儲けできる、といった一見オイシイ話がありました。しかし実態は集めたお金を代表が使いこんでしまっているという状態でした。配当の支払いを新しく投資した人の投資資金から払って、また新しい資金を集めるというようにごまかしていたので、お金を集め続けているうちはサギであることがわからなかったのです。ところが、新規の資金が入ってこなくなると、投資家に支払う約束をしていたお金が払えなくなり、不信に思った人から追及されて仕組みが破たんしました。

そんな怪しい投資の話に自分は絶対乗らないと思っているかもしれませんが、この手のサギで被害者になっている方は特殊な人ではなく、どこにでもいる普通の人達です。持っているお金を将来が不安だから少し増やしたいと思ってそういう話につい投資してしまった。それも最初の頃はきちんとお金が戻ってきたので信用してさらに深みにはまっていってしまったというわけです。

このような金融サギは、金融の世界の基本「世の中にうまい話はない」ということだけ知っていればひっかかることはありません。金融の世界では、儲かる可能性のある投資はそれだけ危険性も高いというのが当たり前なのです。普通預金の金利が低いのは逆に言えば元本が保証されていて危険性が低いからなのです。金利が高いのにリスクがないというのは虫の良い話で、それ自体がありえないことです。

そんな基本さえもわからずに投資を始めてしまうのは危険だということです。投資でお金を増やすということは、それに見合ったリスクがあるということを知っておいてください。ただし、そのリスクは上手に付き合えば、決して取ってはいけないものではありません。車の運転だってリスクがあります。交通事故を起こしたりすることもあります。でも、そんなリスク以上の便利さがあると思うから車の運転をするのです。

投資もそれと同じように考えましょう。お金を預金だけに預けるのは、車が危ないからと徒歩で目的地に向かうのと同じです。近所であれば歩いても良いでしょうが、遠くであれば歩いていくことはできません。近所であっても車があれば短時間で到着することができます。

世の中はリスクをある程度取らないとリターンも得られないようになっているのです。ビジネスで成功したければ、会社を作って自分で仕事をはじめるリスクを取らなければ実現できない。もっと良い仕事をしたいと思っている人は、転職して新しい仕事をはじめるリスクを取らないと仕事を変えることはできない。

みなさんの中には大学受験を考えている人もいると思います。受験も絶対に合格する大学だけ受けていたら、リターンはありません。無理かもしれないけどリスクを取って受験するから、自分の志望校に合格できるというリターンが得られるかもしれないのです。そうやってリスクを取ってチャレンジすることで、みなさんの人生を良い方向に変えていくことができると思います。

失敗を恐れてなにもしなければ、安全かもしれませんが面白みのない退屈な人生に終わってしまう可能性があります。

†お金があれば幸せになれるか？

投資をすればお金が増える可能性がある。とすると、次に考えなければいけないのは「お金があれば幸せになれるか」ということです。

まずこの図表22を見てください。これは、今までみなさんにお話ししてきたことをまとめたものです。それに、今日の授業で知って欲しいビジョンとミッションについての考え方も書いてあります。

まず、仕事と資産運用について復習しておきましょう。

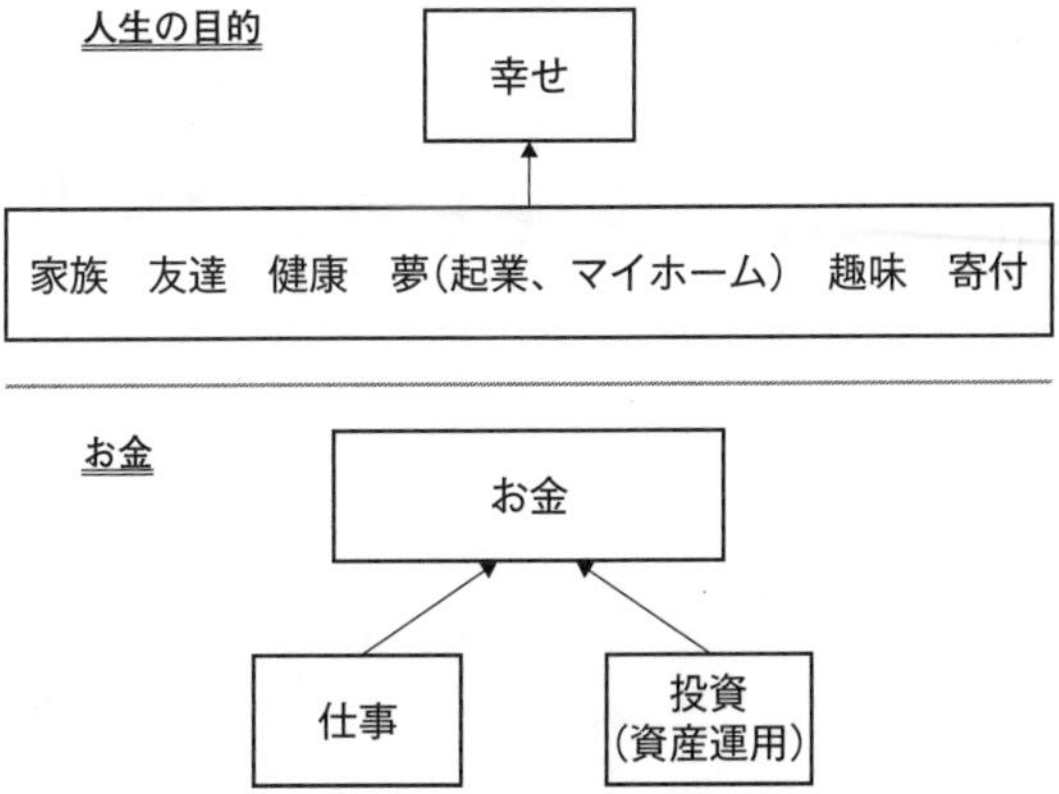

図表22　人生の目的とお金の関係

左下の「仕事」とは、自分が働くということです。一生懸命仕事をして、お金を稼ぐ。第1章で説明したことですね。

では、右下の「資産運用」はどうでしょうか？　これは、第3章の復習になりますが、今度は自分ではなくお金が働くことです。みなさんが持っているお金が、きちんと指示すると働いてくれる。

みなさんがこれからお金を作っていくためには、この二つが両輪になります。自分で仕事をするか、お金に仕事をしてもらうかというわけです。しかし、日本ではお金に働いてもらうという発想を持っている人はまだまだ少数派です。ほとんどの人は自分が働いて稼ぐことしか考えていません。

私はそれがもったいないことだと思っています。一人で働くよりも、お金にも働いてもらう。投資にはリスクがありますが、それは仕事も同じです。必要以上のリスクを取ることはありませんが、投資と仕事の二つで稼ぐのが良い方法ではないでしょうか？

資産運用というのも仕事と同じように大事だということを知って欲しいんです。

投資で大切なのは、どれくらいのスピードでお金を増やそうとするかです。やり方を間違えるとお金が減ってしまうことになりかねません。

実は仕事も同じです。実績を上げようとしてリスクを取りすぎて、やり方を間違えると、会社をクビになってしまいますよね。同じことです。

日本人はどうしても、仕事を頑張ったほうがいいと思いがちです。仕事をしている人は、「あの人は一生懸命働いていて偉い」といわれるけれども、投資で儲けた人はあまり尊敬されません。「株ですごく儲けたんです」といっても、立派だとはいわれないですよね。「何か悪いことをしたんじゃないの」とか、「もしかして怪しい情報を適当に使って儲けたんじゃないの」と思われてしまう。しかし、これは第3章で説明したように間違った考え方です。仕事で社会に貢献することもできるけど、投資で社会貢献することも可能なのです。

†自分のビジョンとミッションを考える

図表22の説明をさらにしていきます。

仕事や投資でもしお金が手に入ったら、みなさんは何に使うのでしょう？　たとえば、家族と暮らすために使う、友達と付き合うために使う、健康になるために使う、夢を実現するために使う、趣味に没頭するために使う、寄付するために使う、など色々あるはずです。こうした、「お金を得ることによって自分たちでやりたいこと」を**ビジョン**といいます。

みなさんは、生きていくうえでどうなりたいでしょうか？

大抵の人は、幸せになりたい、楽しくハッピーになりたいですよね。「つまらないから死にたい」、「今日も早く終わらないかな」、「人と一緒にいてもおもしろくないな、世の中はどうしてこんなにおもしろくないんだろう」、などと思ってしまう人生ではなく、「明日が楽しみ、これから何が起きるんだろう。毎日楽しくて幸せだな、気持ちがいいな」、と思うほうが、みなさんにとって幸せなはずです。これが**ミッション**です。

どうすれば幸せになれるかは、人によって違います。自分の好きな仕事を一生懸命やっているときが幸せだという人もいれば、ボランティア活動をしているときが幸せだという人もいます。あるいは、リゾート地の海辺で寝そべってお酒を飲んでいるときが幸せだという人もいますし、家族と一緒にご飯を食べているときが幸せだという人もいます。幸せは人によって違うのです。

つまり人生で大事なのは、「自分のミッションとは何か。自分は何のために生き、何をしたいか」ということです。たとえば夢を実現させたい、新しいビジネスを始めたい、あるいは自分の趣味に没頭したい、人を助けたい、など色々あるはずです。最終的に考えなければいけないのは、このミッションの部分です。どうしたらみなさんは幸せなのか？これは自分で考えなければいけません。

では、それを実現するために、どういう要素が必要なのか。これもまた人によって違います。たとえば家族との関係、友達との関係、健康状態はどうなのか。せっかくやりたいことがあっても体が丈夫でないとできませんし、病気をしてしまってできないなんて悔しいですよね。

ですから、大事なことは、それぞれ違うビジョンとミッションを、自分で明確にもつことです。そうしないと、毎日何をやって生きているのか、わからなくなってしまいます。

なんとなく生きているうちに、四〇歳、五〇歳になってしまい、「今まで何をやっていたんだろう、本当にやりたいことはこれじゃなかったんじゃないのか？」と後悔している人はたくさんいます。幸いなことにみなさんはまだ一〇代ですから、これからの二〇年、三〇年、四〇年で実行できるのです。

今から何をしたらいいのかを真剣に考えて、そのためにはどういったビジョンを実現していけばいいのかを毎日一生懸命考えていけば、二〇年くらいしたら誰でもビジョンを実現できるようになります。そうすると、四〇歳、五〇歳になったときに、一生懸命自分のやりたいことを追求してきた結果、自分の人生、ミッションは充実したものになるわけです。ただ、残念ながら夢ばかり見ていても、お金がないとできないことがたくさんあります。

†ビジョンとミッションの実現にはお金がかかる

ではそのお金はどうやったら手に入るのでしょうか。

それは今まで説明してきたように仕事をするか、資産運用をするか。要するに自分が働くか、お金に働いてもらうか。あるいは節約して支出を減らすしか方法がありません。

あるビジョンを実現するためにはいくらいるか、それを考えることが大切です。上の段に家族、友達と色々書いてありますが、どれもお金がかかります。友達と遊びに行くためにはお金がかかります。家を買うためにはお金がかかります。趣味に没頭するのにもお金がかかります。家族とご飯を食べに行くのにもお金がかかります。つまり、お金がないとこうしたビジョンは実現できないのです。これが現実です。

世の中には「お金がなくても幸せ」といっている人はたくさんいますが、半分は嘘です。お金がないと何も行動ができないからです。電車に乗ることも、ご飯を食べることも、映画を観ることもできません。何をするにもお金がかかるわけですから、お金を手に入れるということは幸せになるためにすごく重要なことなんです。

けれども、日本人はお金のことばかり話すと、「お金のことばかり話してはダメです」、「お金がなくても大丈夫です」、「お金がなくても気持ちさえあれば幸せなんです」といったことをいう人が非常に多いんですね。でも残念ながら必ずしもそうではないということを知って欲しいんです。

もちろん、お金がたくさんあればいいというものではありません。一億円より二億円、二億円より三億円あれば幸せかというと、そんなことはない。お金が増えても幸せではない人がたくさんいます。お金はたくさんあるけど、誰も友達がいなかったり、何をやって良いかがわからなかったり、ビジョンもミッションもまったくなく、「何のために生きているんだろう」と思っている人がたくさんいます。

大事なことは自分のビジョンのためにいくらかかるのかを考えて、それに必要なお金をどうやって手に入れるかと考えていくことです。自分自身のミッションとは何か、どうしたら幸せなのか、それは具体的にどういう行動なのか。

たとえばマイホームの実現がビジョンだとします。家族と仲良くなることがミッションです。仲良くするために、皆で住める家が欲しい。では、家を買うためにいくら必要か？三〇〇〇万円とすると、その三〇〇〇万円はどうやって手に入れるか？前の章で計算しましたね。今一円も持っていなかったら、何％で毎月いくら必要でしょうか。あるいは一〇〇〇万円持っていたら、一％でいくらですか。そんなシミュレーションは誰でもやろうと思えばすぐにできます。

こうやって考えていくと、やりたいことから、それを実現するための設計図みたいなものが書けるんです。そのために、みなさんのビジョンとミッションということをはっきりさせておくことが、とても重要です。

†すべては「自分を知る」ことからはじまる

高校生のみなさんに「あなたのビジョンは何ですか?」と聞いても、急に答えられないとは思いますが、今から考える習慣をつけておくと良いでしょう。

自分はどういうときに一番幸せか。

自分が一番楽しいのはどういうときか。

時間を忘れて、気づいたら何時間も経っている、というときがありますね。カラオケボックスに行って歌っていたら、知らない間に五時間も経っていたということは、歌うことが好きなのか、友達と一緒にいるのが楽しいのか。ゲームをずっとやっていたら三時間経ってしまった。ゲームの何が楽しいのか。ゲームの物語にとても惹かれているのか。理由はわかりませんが、自分が夢中になってしまうもの、自分がそういう状態にいたらとても幸せだなと思うものが必ずあるわけです。それが最終的に何なのか。ずっと考えていると、単にゲームが好きということではなくて、もう少し大きな考え方につながります。どういうときに自分は一番幸せになっているのか、一人でいるときが幸せなのかもしれないですし、誰かといるときが幸せなのかもしれません。

このビジョンやミッションは、年を取ってくると変わってくることがあります。

でもやはり、根本的に自分のやりたいことや、自分がどういう時に幸せかというのは、あまり変わらないはずです。人といるのが楽しい人は年を取っても皆と一緒にいるのが楽しい、といったように。そうして自分がどういう状態になったら一番幸せか、それをどうやったら作れるのかということを真剣に考えておく。

そうしないで適当に毎日を送っていると、ここになかなか辿り着けません。毎日仕事に追われて日々疲れてしまう。そしてなんとなく時間がどんどん経っていってしまう。

そうなりたくないのであれば、最初から計画を立ててみる。計画を立てるのは、まずお金から入るのではなくて、上のビジョンから考えていくということです。

「自分は何をしたいのか」

と自分に常に問いかける。

「どうしたら幸せになれるんだろう。どうしたら毎日楽しいんだろう」

と考えると、それを実現するためには、残念ながら色々なことでお金が要りますけれども、それはどれくらいいるんでしょうか。たとえば、家族一緒に皆で仲良く暮らしていくためには、おじいさん、おばあさんの面倒をみるのでお金がかかります。それはいくらかかるのか？　介護にいくらかかるか？　それはどうやって手に入れるか？　そんな風に考えていけばいいのです。ですから、このビジョンとミッションをベースに、それに必要なお金を手に入れることを考えましょう。

†感謝という、もう一つの報酬

お金は自分のために使うだけではありません。人のためにお金を使う「寄付」というものもあります。

二〇一一年三月一一日に東日本大震災があったとき、日本人でも寄付する人が増えましたが、欧米では寄付をするのが日本より当たり前になっています。彼らは何のためにお金を稼ぐのか。寄付をするためです。要するに、人を助けてあげるために、自分が一生懸命働いて、それで何百億、何千億と儲かった人が、そのお金を寄付したりするんです。日本もだんだんそういう世の中になってくると思いますが、そうなると、このビジョンやミッションの中に人に喜んでもらえるということが入ってくる場合も出てくると思います。

つまり、人から感謝されると皆とても嬉しいということなんです。

「昨日のあれ、良かったよ。ありがとう」

「ノート貸してくれて、どうもありがとう」

と、いわれたら嬉しい。

なぜ嬉しいか。自分が役に立っているからですよね。

寄付だけではありません。自分で交通費を払って現地へ行き、瓦礫《がれき》の処理をしたり、泥を掃いて掃除をしていきます。大震災の後、たくさんの人が東北地方にボランティアに行って帰っていきます。仕事が休みの土日にわざわざバスに乗って行くわけです。そして五〜六時間、一生懸命仕事をして、お金を払って帰ってくるわけですが、経済的には何の得にもならない。では、なぜそういうことをするのでしょうか。

それは被災地の人の役に立てることが嬉しいからではないでしょうか。「本当にありがとう」と、心の底からいわれる。「掃除してくれて本当に助かりました」と地元の人たちにいわれると、自分が役に立っていることを実感します。仕事でも何でも、人の役に立っているということは、基本的にすごく気持ちの良いことなのです。

†仕事も投資も感謝のしるし

くり返しになりますが、仕事でお金を稼いだり、あるいは投資でお金が増えるのも、実は感謝の反映なんです。

投資してお金が増えているということは、みなさんが投資したお金が世の中の役に立っているということです。つまり、「ある会社に投資をしたら、経営がとてもうまくいって利益が出た。利益が出たので、投資をした人も一緒に儲かる」ということです。投資をしてお金が増えているということは、投資をしたお金が役に立っている。役に立っているからお金が増えて返ってくる。

だから、世の中の役に立っていない会社に投資をすると、お金が減ってしまいます。役に立っている会社であれは、感謝をお金で受け取ることができますから、投資すべき対象になるのです。

仕事もそうですね。第1章で希少性という話をしましたけれども、たくさん収入をもらっている人というのは、感謝されることが多い人たちということでした。大きい会社の社長さんはたくさんの人から「良い製品を作ってくれてありがとう」と感謝されています。だから、そういう人の給料は高いと考えることもできるわけです。

だからお金を増やすということ自体は悪いことではありません。ただ大事なことは、「何のためにお金がいるのか」ということを考えてやっていったほうがいいということなんです。ビジョンとミッションをきちんと押さえた上で、具体的にどうやってお金を増やすかを、今までお話ししたような方法でみなさんに実践して欲しいと思います。

✝うまくいかないときは三つのステップで解決しよう！

今まで説明してきたように自分のビジョンとミッションを考えて、いくらのお金をどうやったら手に入れられるかを計画すれば、人生がうまくいくかというと、そんなに甘くはありません。人生にはうまくいかないときが必ずあります。そういうときに、どうしたらいいいか、お話ししておきます。

図表23を見てください。これはうまくいかないときそれを解決する手順を説明しているものです。

これはお金の話に限らず、すべてに応用できる考え方です。たとえば、仕事がうまくいかない、クラブ活動がうまくいかない、人間関係がうまくいかない、勉強がうまくいかない、そう思ったときに、どうしたら良いでしょうか。

うまくいっていない人には共通点があります。まず**現状認識**ができていないんです。つまり、「今、自分はどういう状態なのか」ということがわかっていない。それから、**目標**

設定ができていません。「これから、どうなりたいのか」を具体的に考えていないということです。

この現状認識と目標設定ができるようになると、二つの間にギャップがあることがわかります。今はこういう状態だけれども、先々はこうなりたい。そんな現状から目標への到達方法がわかれば不安は消えていきます。それを、なんとなくモヤモヤと不安に感じているだけでは具体的に何をして良いのかがわからない。テストの点が勉強しているのに思ったよりも伸びなくて困っているとしたら、「困ったな、勉強しなくちゃ」と焦るだけではなく、まず「何が足りないのか」という現状認識をしてみます。勉強量なのか、勉強のやり方が間違っているのか、それとも自分の使っているテキストがおかしいのか。やっていることに関して、何か間違っていないか、現状認識をする。

その次にやらなければいけないのは、「今の状況からどのくらいのところまでいきたいのか」を決めることです。たとえば、偏差値を一〇くらい伸ばしたい、五くらい伸ばしたい、テストの学年順位を五〇番くらい上げたい、というように具体的に考えます。

†今を知り、目標を決めれば戦略がわかる

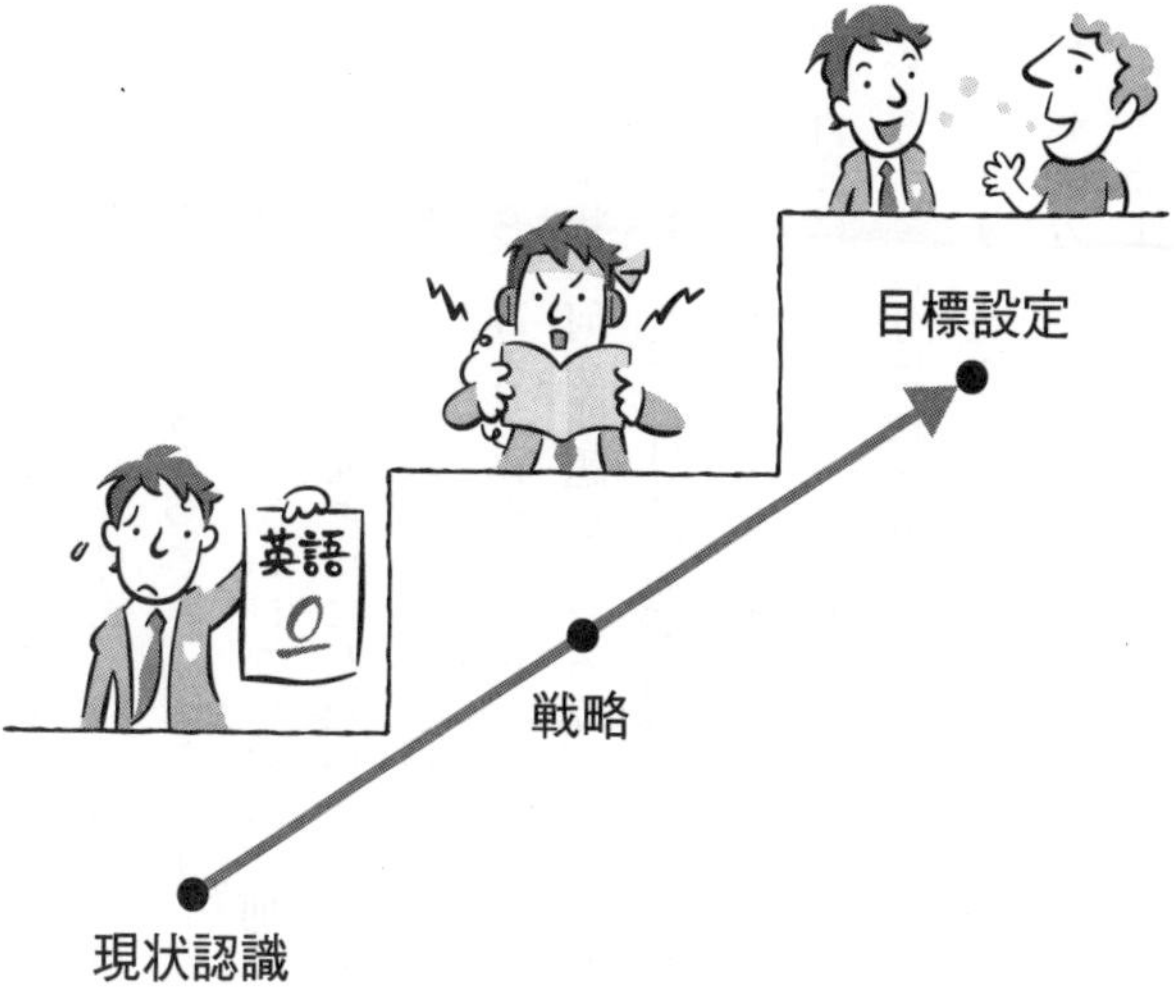

図表23　将来の不安は３つのステップで解消する

こうして現状認識と目標設定をすることで、初めて戦略というものが出てきます。

「自分の苦手な国語を少し伸ばそう」、「英語の偏差値が下がってきているから戻そう」、「勉強時間の振り分けを変えよう」、「もっと勉強する時間を増やそう」、「思い切って参考書を変えてみよう」、色々な戦略があると思います。

これは、勉強だけに限りませんたとえばダイエットをしたい人がいたとします。ダイエットがうまくいかない人がなぜ多いかというと、現状認識をしていないからです。体重を計らない。太っているから自分の体重を見るのが嫌なんです。でも、まず今の体重を知らないと先には進めません。自分は何キロなのか、体脂肪は何パーセントなのか、現実を直視することから入っていくべきです。

その次にやらなければいけないのは、何キロまで体重を落とせば良いか、決めることです。五三キロから四九キロにしたいと目標設定できれば、四キロ瘦《や》せるためにはどうしたらいいかという戦略が立てられるのです。

ですから、みなさんが何か困ったことがあったら、まずは現状を認識してください。そして、現状の何が問題なんだろう、と考えてください。たとえば最近友達が冷たいとしたら、「もしかしたら自分の態度が悪いのかな」「最近した話で怒っちゃったのかな」と現状を認識してください。何かがあるはずです。そして、どうやったら友達と仲直りできるのか、自分は友達とどういう状態になりたいのかを考えます。そのためには何をしたらいいのだろう。自分は何を直さなければいけないのか。こういう風に考えると、モヤモヤして不安でどうしたらいいのかわからないと困らなくてすみます。一つ一つ整理をしていけば必ず解決方法が見つかります。

これは仕事がうまくいかないときも、投資がうまくいかないときも、人生がうまくいかないと思ったときも当てはまります。三つに分けて頭の整理をすることで、どうすればいいのか、行動のやり方がわかってきます。

✝まとめ――みなさんがこれからやるべき七つのこと

最後に今までのまとめとして高校生のみなさんに「これからやるべき七つのこと」というのをお話ししたいと思います。今すぐ考えることではないかもしれませんが、将来きっと役に立つ考え方になると思いますから覚えておいてください。

まず仕事の話です。第1章で「一番良いのは好きなことを仕事にすることだ」という話をしました。では自分が好きなことや得意なことは何でしょう。意外に自分ではわからないんです。たとえば、両親や友人に、「私って何が好きだと思う」「何が得意だと思う」と聞いてみる。そうすると、「あなたは人から好かれるタイプだよね」とか、「いつも活動的だよね」とか、「歌が好きだよね」と色々教えてくれます。もしかしたら、それが自分の仕事を考えるヒントになるかもしれません。

そして仕事に関して確認しておくこと、それは仕事の選択基準です。もちろん「収入」も大事です。それから「やりがい」ですね。そして最後に「社会の役に立つこと」。この三つで考えるのが良いでしょう。

きちんとお金がもらえないと、生活が成り立ちません。またやっていて楽しくないと、すぐに飽きてしまいます。そして、世の中の役に立たない仕事はいずれなくなってしまいます。


そのためには、将来の夢をたくさん考えて、自分のミッションを見つけることが大切です。ミッションというのは究極の目標です。何のためにみなさんが生きているのか。それほど簡単には見つかりません。でもこれをずっと考えていると、毎日どうしていったらいいのかが見つかるはずです。

四つめはお金の話です。「お金が手に入っても、宝くじやギャンブルには手を出さないで投資をはじめてみる」。宝くじは四五％、競馬は七五％しか返ってきません。ギャンブルをしても宝くじをしても、全体のお金は増えません。でも、投資をすれば、新しい価値が生まれる可能性があります。もちろん投資をしないという選択もありますけれども、少なくともギャンブルをするのはやめましょう、宝くじを買うのもやめましょうということです。

① 自分の好きなこと、得意なことを親や友人に聞いてみる
② 仕事は「収入」「やりがい」「社会の役に立つこと」の3つで選択する
③ 将来の夢をたくさん考えて、そこから自分のミッションを見つける
④ 宝くじやギャンブルには手を出さないで投資をする
⑤ 仕事で稼ぐようになったら、お金にも稼いでもらう
⑥ 目先のことだけにとらわれない。人生は長期で考える
⑦ 試練に突き当たったら「現状認識」「目標設定」「戦略」の3つで解決

図表24　これからやるべき7つのこと

それより、もしみなさんが社会人になって、ある程度お金が貯まったら、投資をしてみてください。資産運用ですね。そうすると、自分でお金を稼ぐだけではなくて、お金にも稼いでもらえます。要するに両輪で稼ぐ。一人で稼ぐよりも二人で稼いだほうがいいですよね。自分だけで稼ぐよりも、自分とお金で稼いだほうがいいわけです。

それから目先のことにとらわれないで、人生は長期で考えましょう。みなさんは多分、受験がどうとか、高校卒業したらどうとか、そういった目先のことで頭がいっぱいだと思います。けれども、私くらいの年になると、高校のときの一年は、もうずいぶん昔のことであまり関係がありません。それよりも、みなさんが三〇歳

のときにどうするのか、四〇歳のときにどうするか、五〇歳のときにどうなっているか、そういった長期で考えることが重要です。

第1章でキャリアデザインの話をしたと思います。二〇代のときにうまくいっていても、三〇代、四〇代、五〇代で失敗している人はたくさんいます。逆に、高校のときはパッとせず、出来も悪かった人が、四〇代くらいになって同窓会に行くとすっかり変わっていたり、成功しているケースも珍しくありません。

ではうまくいっている人は何が違うのか。それは長期で考えているということです。目先のことだけ考えていると、そのときは良いですけれども、あとが駄目になってしまう。逆に目先は駄目なんだけれども、長い目できちんと考えている人は、それを実現できる。

では、長期で考えるためには何が必要か。

それは第4章の前半でお話したミッションです。常に大きな視点で、「自分は何をするか」を考えることです。目先の目につくことをやるばかりでは、いつまで経っても何をしたらいいのかが絞り込めません。ミッションをしっかり持っている人は、「これを実現するために今何をしたらいいんだろう、自分はどうしたらいいんだろう」と考えます。そうすると、長期的なミッションに合わないと思えることには手を出さないようになります。

今はうまくいっても、五年後、一〇年後の自分には必要はない、と判断したことはやらないようにできるのです。

目先のことを考えるのではなく、もう少し長い目で見る。逆にいうと、今何かうまくいかないことがあっても、それほど気にする必要はありません。子どもの頃の失敗を覚えている人もいるかもしれませんが、あとから考えれば大したことはありませんよね。長期で考えれば、モノの見方もきっと変わってくるはずです。

そして、最後がうまくいかないときの対策です。先ほどお話しした三つのステップです。まず現状を認識する。それから目標を設定する。そして、この現状と目標のギャップを埋めるための戦略を考える、でしたね。なんとなく「大変だ、駄目だ」と思うだけではなくて、「今はどういうことが問題なのか、それはどうやったら解決できるのか」と考えていくことです。そうして一つ一つ考えていくと、頭の中が混乱してパニックになったりせず冷静に整理ができます。うまくいかなくなったら何が問題なのかという現状認識、目標設定、戦略とやってみてください。

これは能力がないとできないとか、頭の良い人だけしかできないというわけではなくて、誰でもやればできることです。でも、残念ながらこれをやっている人はとても少ないんです。なぜかというと、あんまりこういうやり方を教えてくれる人がいないからです。

みなさんが壁に突き当たったら、この方法を試してみてください。自分の考えがすっきりと整理できれば、今までと違う新しい毎日の人生というものが出てくるはずです。


今回の講座はお金の話ということで、仕事や経済のこと、そして投資についてなど色々お話をしてきました。

お金といっても仕事で稼ぐだけではありません。そして、お金は持っているだけでは意味がないのです。

高校生のみなさんには、失敗してもやり直せるエネルギーと時間があります。

今回の講義を活かして自分の人生をお金という視点からどうデザインするかを真面目に考えて、実践してみてください。

まとめ

・仕事も投資も正しいリスクを取ってチャレンジすべき
・自分の人生の目的（ミッション）を考えておこう
・お金とはミッションを実現するための手段である
・思い通りにいかない時は現状認識と目標設定から戦略を立ててみる
・若いうちなら仕事も投資も失敗してもやり直せる

おわりに

お金の話を高校生に楽しくわかりやすくするというのは、当初想定していた以上に難しいものでした。彼らには投資の経験もなければ、仕事でお金を稼いだ経験もほとんどありません。そんな生徒に四回にわたって、飽きられないように工夫して授業を進めたつもりですが果たしてどこまで受け入れてもらえたかは自信がありません。

ただ、授業の後で生徒から携帯で感想をメールで送ってもらったり、ワークや感想を授業中に書いてもらう中で、彼らがどんなことを考えているのかは、少し理解できたように思います。いつもは社会人を対象に授業をしている私にとって、今回の高校での特別授業は得るものの多い貴重な経験になりました。

今回の授業で一番伝えたかったことは、すべてのことにはリスク（不確実性）があるということです。しかし不確実だからと言って、リスクを避けていてはリターン（成果）も得られません。高校生の彼らにはリスクを取ってチャレンジすることの価値を知って欲しいと思いました。それは、自分で働いてお金稼ぐ仕事でもお金に働いてもらう投資でも同じことです。

しかし、ただやみくもにリスクに立ち向かうのでは意味がありません。そこには戦略が必要です。仕事であれば、他の人にはできない希少性を考えることが重要ですし、投資であれば投資対象の分散と時間の分散という二つの分散が基本となることをお話ししました。

はじめに、にも書いたように日本では学校でお金の話をするのは、タブーになっているようです。今回、特別授業をお願いした鹿島学園の余湖三千雄理事長には、そのタブーを破る大きな決断をしていただき、新たなチャレンジを実現することができました。実際に授業を進める上では、鹿島学園の勝部裕史先生にお世話になりました。鹿島学園の先生方そして授業に参加してくれた生徒のみんなには、この場を借りてお礼申し上げます。また、執筆作業が遅れがちの中、編集を担当していただいた筑摩書房の小船井健一郎さんには、鹿島学園への同行もお付き合いいただき、ようやく完成にこぎつけることができました。そして制作をサポートしてもらうと共にプライベートで大きな負担をかけた妻の美砂にも感謝します。

お金は人生にとってとても大切なものですが、手段にすぎません。お金の大切さを知ることはとても重要なことですが、お金で買えないもっと大切なものがあることも知っておいてください。本書が、皆さまの豊かな人生の実現のためにお役に立てれば著者としてこれ以上の喜びはありません。

私自身の人生の大きな転機に刊行したこの作品を、いつまでも元気で長生きして欲しい両親にささげたいと思います。

二〇一一年九月吉日

内藤　忍

これだけは知っておきたい【お金のキーワード】

年収

一年間の収入の合計。所得税、住民税、年金などを引くまえの「額面《がくめん》」ではなく、税金を引いたあとの「手取り」で考える方が良い。

株式

企業がお金を集めるための仕組み。たくさんの人からお金を集めて、企業は自社の活動に役立てる。お金を出した人＝株主には株価の上昇による利益や、企業が支払う配当金が手に入る。ただし経営が悪化すると大きな損失を被ることもある。

為替

お金の決済や移動を、現金を使わないで行う仕組み。自分の口座から誰かの口座へ振り込む「国内為替」、異なる通貨でやりとりする「外国為替」などがある。

金利

お金を借りたときに支払ったり、預けたときに受け取るお金。利子、利息ともいう。その国のお金が信頼できるか、借りる人が信用できるか、いつまでに返すか、などで変わる。

債券

国や会社などが、投資家からお金を借りるための借用証のこと。お金を貸して利息をもらうのが債券で、株式とは異なる。なお、株式はお金が戻ってくるかはわからない代わりに、経営に口を出したり、配当金を貰う権利がある。

投資

お金を増やすために、株や証券や事業などの収益を得られるチャンスにお金を出すこと。

分散投資

一つに絞らず、さまざまな資産に分けて投資すること。リスクを下げて、失敗する可能性を低くできる。

資産運用

預金や株や不動産などに資金を投入して、自分が持っている資産を効率的に増やそうとすること。

物価

物やサービスの価格の動きのこと。

金融商品

金融機関が提供する商品のこと。預金や投資信託、保険など、「資産や生活を守る」あるいは「お金に働いてもらう」ための商品。

投資信託
投資家から集めたお金を、運用会社のファンドマネージャーと呼ばれる投資のプロが運用する金融商品。

国債
国がお金を借りるために出している債券。

ローン
借金の一つ。家を買うときに借りる住宅ローン、ショッピングをするときに借りる銀行ローンなどがある。返済するときは、借りたお金だけでなく利子を支払わなければならない。

クレジットカード
手元にお金がなくても商品の支払いができるカード。使ったお金はカード使用者の口座から引き落とされる。将来の支払いを考えて使うことが必要。

リボ払い
買い物や飲食などの決済で、毎月一定額を返済する支払い方法。高金利なので、できれば使わない方が良い。

デフレ（デフレーション）
モノの値段が下がり、お金の価値が高くなること。

インフレ（インフレーション）
モノの値段が上がり、お金の価値が低くなること。

円高
日本円が（ドルやユーロなど）他の通貨よりも価値が高くなる状態。

円安
日本円が（ドルやユーロなど）他の通貨よりも価値が低くなる状態。

72の法則
お金が増えるスピードを知るための法則。「72÷金利」で計算すると、「お金が二倍になるのが何年後か」が大まかにわかる。

授業に参加した生徒の皆さま：
安藤真純　飯田康一郎　谷村樹　石上有希　宇都木美咲　溝口恵美
禹松林　高安祐志　飯塚智沙斗　猪岡琴　衣幡愛里寿　大根春乃
岡野絵美　小林成美　櫻井香乃　椎名身佳　秦玥　豊田佳那
額賀さゆり　布施美沙岐　渡辺理沙

協力：
鹿島学園高等学校
〒314－0042　茨城県鹿嶋市田野辺141－9

ちくま新書
928

高校生《こうこうせい》にもわかる「お金《かね》」の話《はなし》
二〇一一年一〇月一〇日 第一刷発行

著　者 内藤忍（ないとう・しのぶ）
発行者 熊沢敏之
発行所 株式会社 筑摩書房
東京都台東区蔵前二-五-三 郵便番号一一一-八七五五
振替〇〇一六〇-八-四一二三
装幀者 間村俊一
印刷・製本 三松堂印刷 株式会社

乱丁・落丁本の場合は、左記宛にご送付下さい。
送料小社負担でお取り替えいたします。
ご注文・お問い合わせも左記へお願いいたします。
〒三三一-八五〇七 さいたま市北区櫛引町二-六〇四
筑摩書房サービスセンター 電話〇四八-六五一-〇〇五三

ISBN978-4-480-06633-6 C0233

ちくま新書

336 高校生のための経済学入門　小塩隆士
日本の高校では経済学をきちんと教えていないようだ。本書では、実践の場面で生かせる経済学の考え方をわかりやすく解説する。お父さんにもピッタリの再入門書。

002 経済学を学ぶ　岩田規久男
交換と市場、需要と供給などミクロ経済学の基本問題から財政金融政策などマクロ経済学の基礎までを、現実の経済問題に即した豊富な事例で説く明快な入門書。

458 経営がわかる会計入門　永野則雄
長引く不況下を生きぬくには、経営の実情と一歩先を読みとくための「会計」知識が欠かせない。現実の会社の「生きた数字」を例に説く、役に立つ入門書の決定版！

502 ゲーム理論を読みとく ――戦略的理性の批判　竹田茂夫
ビジネスから各種の紛争処理まで万能の方法論となっているゲーム理論。現代を支配する〝戦略的思考〟のエッセンスと限界を描き、そこからの離脱の可能性をさぐる。

516 金融史がわかれば世界がわかる ――「金融力」とは何か　倉都康行
マネーに翻弄され続けてきた近現代。その変遷を捉え直し、世界の金融取引がどのように発展してきたかを整理しながら、「国際金融のいま」を歴史の中で位置づける。

565 使える！　確率的思考　小島寛之
この世は半歩先さえ不確かだ。上手に生きるには、可能性を見積もり適切な行動を選択する力が欠かせない。確率のテクニックを駆使して賢く判断する思考法を伝授！

610 これも経済学だ！　中島隆信
各種の伝統文化、宗教活動、さらには障害者などの「弱者」などについて「うまいしくみ」を作るには、「経済学」を使うのが一番だ！　社会を見る目が一変する本。

ちくま新書

619 経営戦略を問いなおす　三品和広
戦略と戦術を混同する企業が少なくない。見せかけの「戦略」は企業を危うくする。現実のデータと事例を数多く紹介し、腹の底からわかる「実践的戦略」を伝授する。

631 世界がわかる現代マネー6つの視点　倉都康行
9・11事件以後、国際金融の舞台では不気味な変化がゆっくりと生じている。その動きは市場と社会をどう変えるのか？　6つの視点からマネーの地殻変動を読みとく。

646 そもそも株式会社とは　岩田規久男
M&Aの増加により、会社論が盛んだ。しかし、そこには誤解や論理的といえないものも少なくない。本書は冷静な検証により「株式会社」の本質を捉える試みである。

657 グローバル経済を学ぶ　野口旭
敵対的TOB、ハゲタカファンド、BRICs、世界同時株安……。ますますグローバル化する市場経済の中で、正しい経済学の見方を身につけるための必読の入門書。

701 こんなに使える経済学 ——肥満から出世まで　大竹文雄編
肥満もたばこ中毒も、出世も談合も、経済学的な思考を上手に用いれば、問題解決への道筋が見えてくる！　経済学のエッセンスが実感できる、まったく新しい入門書。

715 部長の経営学　吉村典久
投資家の論理に左右されずに、会社が長期的に繁栄するためにはどうすればいいのか。その鍵を握るのは部長・課長だ！　すべてのビジネスパーソン必読の経営論。

724 金融vs.国家　倉都康行
国家はどのように金融に関わるべきなのだろうか。歴史的な視点から国家とマネーの連立方程式を読み解き、日本の金融ビジネスが進むべき道を提示した瞠目の論考。

ちくま新書

729 閉塞経済 ――金融資本主義のゆくえ 金子勝
サブプライムローン問題はなぜ起こったのか。格差社会がなぜもたらされたのか。現実経済を説明できなくなった主流経済学の限界を指摘し、新しい経済学を提唱する。

754 日本の賃金 ――年功序列賃金と成果主義賃金のゆくえ 竹内裕
成果主義の導入に失敗したが旧来の年功制にも戻れず右往左往する日本企業。この混迷を打開し、高付加価値経営の実現に資する日本型の能力・成果主義を提言する。

770 世界同時不況 岩田規久男
二〇〇八年秋に発生した世界金融危機は、百年に一度の未曾有の危機といわれる。この世界同時不況は、一九三〇年代の世界大恐慌から何を教訓として学べるだろうか。

780 資本主義の暴走をいかに抑えるか 柴田德太郎
資本主義とは、不安定性を抱えもったものだ。これに対処すべく歴史的に様々な制度が構築されてきたが、現在、世界を覆う経済危機にはどんな制度で臨めばよいのか。

785 経済学の名著30 松原隆一郎
スミス、マルクスから、ケインズ、ハイエクを経てセンまで。各時代の危機に対峙することで生まれた古典には混沌とする経済の今を捉えるためのヒントが満ちている！

786 金融危機にどう立ち向かうか ――「失われた15年」の教訓 田中隆之
「失われた15年」において、日本では量的緩和など多様な金融財政政策が打ち出された。これらの政策は、どのような狙いと効果をもったのか。平成不況を総括する。

797 会計学はこう考える 友岡賛
会計の目的とは何か？　企業は誰のものか？　時価会計とは？　会計制度と法の関係は？　「そもそも」から考えれば、会計の構造と使い方が鮮やかに見えてくる。

ちくま新書

822 マーケティングを学ぶ　石井淳蔵

市場が成熟化した現代、生活者との関係をどうデザインするかが企業にとって大きな課題となる。著者はここを起点にこれからのマーケティング像を明快に提示する。

825 ナビゲート！日本経済　脇田成

日本経済の動き方には特性がある。それを知れば予想外のショックにも対応できる！　大局的な視点から日本経済の過去と未来を整理する、信頼できるナビゲーター。

827 現代語訳 論語と算盤　渋沢栄一　守屋淳訳

資本主義の本質を見抜き、日本実業界の礎となった渋沢栄一。経営・労働・人材育成など、利潤と道徳を調和させる経営哲学には、今なすべき指針がつまっている。

831 現代の金融入門【新版】　池尾和人

情報とは何か。信用はいかに創り出されるのか。金融の本質に鋭く切り込みつつ、平明かつ簡潔に解説した定評ある入門書。金融危機の経験を総括した全面改訂版。

837 入門 経済学の歴史　根井雅弘

偉大な経済学者たちは時代の課題とどう向き合い、それぞれの理論を構築したのか。主要テーマ別に学説史を描くことで読者の有機的な理解を促進する決定版テキスト。

851 競争の作法——いかに働き、投資するか　齊藤誠

なぜ経済成長が幸福に結びつかないのか？　標準的な経済学の考え方にもとづき、確かな手触りのある幸福を築く道筋を考える。まったく新しい「市場主義宣言」の書。

857 日本経済のウソ　髙橋洋一

円高、デフレ、雇用崩壊——日本経済の沈下が止まらない。この不況の時代をどう見通すか？　大恐慌から現代まで、不況の原因を検証し、日本経済の真実を明かす！

ちくま新書

869
35歳までに読むキャリア《しごとえらび》の教科書
——就・転職の絶対原則を知る
渡邉正裕
会社にしがみついていても、なんとかなる時代ではなくなった。どうすれば自分の市場価値を高めて、望む仕事に就くことができるのか？　迷える若者のための一冊。

878
自分を守る経済学
徳川家広
日本経済の未来にはどんな光景が待ち受けているのか？　徳川宗家十九代目が、経済の仕組みと現在へ至る歴史を説きながら、身を守るためのヒントを提供する！

921
お買い物の経済心理学
——何が買い手を動かすのか
徳田賢二
我々がモノを買う現場は、買い手と売り手の思惑がぶつかり合う場所である。本書は、経済学の知見をもとに売買の原理を読み解き、読者を賢い買い方へと案内する。

924
無料ビジネスの時代
——消費不況に立ち向かう価格戦略
吉本佳生
最初は無料で商品を提供しながら、最終的には利益を得ようとする「無料ビジネス」。こんな手法が社会的に求められるのはなぜか？　日本経済のゆくえを考える。

253
教養としての大学受験国語
石原千秋
日本語なのにお手上げの評論読解問題。その論述の方法を、実例に即し徹底解剖。アテモノを脱却し上級の教養をめざす、受験生と社会人のための思考の遠近法指南。

041
英文法の謎を解く
副島隆彦
なぜ英文法はむずかしい？　明治以来の英語教育の混乱に終止符をうち、誰でもわかる英文法をめざした渾身の徹底講義。比較級・仮定法のステップもこれでＯＫ！

183
英単語速習術
——この一〇〇〇単語で英文が読める
晴山陽一
どんな英語の達人でも単語の学習には苦労する。英単語の超攻略法はこれだ！　対句・フレーズ・四字熟語記憶術からイモヅル式暗記法まで、新学習テクニックの集大成。